北大法学阶梯
课程指引系列

北大法学进阶 壹

北京大学法学院 | 编

法律出版社 LAW PRESS · CHINA
北京

图书在版编目(CIP)数据

北大法学进阶. 壹 / 北京大学法学院编. -- 北京 :
法律出版社, 2022
ISBN 978 - 7 - 5197 - 7212 - 3

Ⅰ. ①北… Ⅱ. ①北… Ⅲ. ①法律 - 文集 Ⅳ.
①D9 - 53

中国版本图书馆 CIP 数据核字(2022)第 193697 号

北大法学进阶 · 壹
BEIDA FAXUE JINJIE · YI

北京大学法学院 编

责任编辑 吴 昉 陆帅文
装帧设计 汪奇峰

出版发行 法律出版社
编辑统筹 法律教育出版分社
责任校对 晁明慧
责任印制 刘晓伟
经 销 新华书店

开本 710 毫米 × 1000 毫米 1/16
印张 13 **字数** 206 千
版本 2022 年 11 月第 1 版
印次 2022 年 11 月第 1 次印刷
印刷 北京金康利印刷有限公司

地址:北京市丰台区莲花池西里 7 号(100073)
网址:www. lawpress. com. cn
投稿邮箱:info@ lawpress. com. cn
举报盗版邮箱:jbwq@ lawpress. com. cn

销售电话:010 - 83938349
客服电话:010 - 83938350
咨询电话:010 - 63939796

书号:ISBN 978 - 7 - 5197 - 7212 - 3
定价:49. 00 元
凡购买本社图书,如有印装错误,我社负责退换。电话:010 - 83938349

编写说明

北京大学是中国法学教育的滥觞之地，是中国法学教学改革的先行者和探路者。北京大学法学院（以下简称北大法学院）始终秉持科研与教学并重的立院方针，将教学与科研视作大学教师的基本职责，两翼不可偏废。近年来，北大法学院大力推进教学供给侧改革，增加教学产品，创新教学活动，改善教学结构，提升课程质量，引领中国法学界教学改革风潮。

“北大法学阶梯系列讲座”是北大法学院诸多教学改革活动之一。2018年秋季学期，该系列讲座正式面世。它包括三个系列：初阶（入门）讲座、进阶讲座和高阶讲座。初阶讲座是为了引领学生进入法学之门，为相关课程的学习提供方法论上的入门指引。进阶讲座旨在改变以往课后个别答疑不够充分、缺乏体系、难以集体受益的局面，致力于为学生系统性地答疑解惑，清除前期学习中累积的困扰，指明下一步学习的方向和重点。高阶讲座主要面向博士生群体，由各专业教授介绍学科最前沿的研究动态或发布自己最新的研究成果，激发法学博士生的学术志趣，培养全面的知识结构和开阔的视野。三个系列讲座都是以现有的课程为基础，以既定的课堂为平台，面对不同的授课对象，选择不同课程的不同阶段展开。通过前期宣传、后期综述以及视频播放等方式，将课堂教学与讲座模式有机结合，面向全社会公开。这不仅有效地提升了课堂质量，也实现了优质教育资源的共享。迄今为止，“北大法学阶梯系列讲座”已经累计举办80余场。

为了更全面地展示北大法学院的课程风采，为全国法科学生提供全方位的学习指引，法学院征求授课教师意见后，决定将部分阶梯讲座活动的内容整理出版。经与法律出版社协商，此次出版以“北大法学阶梯课程指引系列”的面貌呈现，旨在为处在学习法律各个阶段的学生提供一套全面的教学参考用书。每位授课教师负责自己的讲授内容，从格式到内容均对讲座实录文字做了大幅的修改润色，以符合“北大法学阶梯课程指引系列”的定位要求。

呈现在读者面前的这套丛书，基本上覆盖了全国法学院各类必修课和选修课，是北大法学院几十位教师的集体作品，希冀能帮助每一位法科学生迈入法学之门，克服路障，拾阶而上，领略法学的无限风光。

“北大法学阶梯系列讲座”的举办以及本书的出版，得到了来自法律出版社、《中国法律评论》编辑部以及北大英华科技有限公司等社会各界人士的关心、支持和帮助。在各方协力下，北大课堂以一种新的方式在纸上重现。在此一并致谢。

北京大学法学院

2021 年 9 月

目录

001 权利、权力、权衡是宪法学习的三个关键词
张　翔

015 行政法学系中的两种视角
俞　祺

027 以三阶层为纲掌握刑法总论
车　浩

055 刑法分论的思维方法与难点解析
王华伟

073 刑事诉讼法的难点问题与学习方法
吴洪淇

089 经济法与社会科学的融合与交错
邓　峰

103 学习金融法需要理解交易的逻辑
彭　冰

119 劳动法的关系与主线
阎　天

135 国际法学研究的视野与方法
陈一峰　易　平

149 国际私法的“图景”与“场景”
何其生

169 国际经济法的学习路径
张智勇

184 进阶讲座调查问卷及结果分析
（附录）

198 作为教育者的尊荣感
（代后记）

北大法学进阶

权利、权力、权衡是宪法学习的三个关键词

张 翔

关于作者

张　翔

北京大学法学院教授、博士生导师。中国人民大学法学学士（1998年）、中国人民大学法学硕士（2001年）、北京大学法学博士（2004年）；德国柏林洪堡大学访问学者（2009年）；兼任中国法学会宪法学研究会秘书长、国家监察委员会特约监察员、全国人大常委会法工委备案审查专家委员会委员；获评第八届全国十大杰出青年法学家（2017年）、第二届首都十大杰出青年法学家（2016年）、北京市高等学校青年教学名师（2017年）；入选国家“万人计划”第一批青年拔尖人才（2013年）；入选国家文化名家暨“四个一批”人才（2019年）；入选国家“万人计划”领军人才（2020年）。

2004年开始任教，讲授课程包括宪法学、外国宪法、宪法案例分析、基本权利：原理与案例、法学方法论、法学论文写作等。

我今天讲的题目叫作“权利、权力、权衡是宪法学习的三个关键词”，想用这三个词来概括宪法学的核心知识。那么，为什么会用这三个词来概括宪法学的核心知识呢？我想通过下面这个例子来说明。

一个厨师最基本的特征就是他戴的白帽子。戴这顶白帽子实际上是遵守国家基于食品安全的考虑作出的规定。那么如果有一天我们遇到了一个特别轴的厨师，他不想戴帽子。尽管法律规定必须戴帽子，但他还可以主张这个法律是违反宪法的。

在这个例子中，我们就会发现宪法学最基本的关系——个人权利与国家权力的关系，具体而言，这个案例中国家为了某种公共利益的需要，制定了一项法律，对于厨师们的自由作出了限制。那么这里就产生了个人权利与国家权力的关系问题，因为这个规定限制了厨师的自由，所以现在这个厨师提出了异议。

在出现这样一个异议之后，我们作为学宪法的人，就要去回答这个问题：这样的限制是不是合理的，是不是正当的，是不是合乎宪法的？这个时候我们可能就需要在公共利益和个人自由之间做一些权衡。

通过这个例子，我们就可以理解，宪法实际上永远在处理最核心的一种关系，即个人与国家之间的关系，而在这种关系的处理中，经常要进行一种利益上的权衡，这就是我选出“权利”、“权力”和“权衡”这三个词，以此作为今天课程关键词的一个原因之所在。

■ 权利

□ 宪法是一张写着人民权利的纸

我们先来看宪法是什么？列宁曾说：宪法就是一张写着人民权利的纸。这实际上揭示了宪法最核心的价值就是保障人民权利。但法律上讲的权利，一定是在一种关系中的权利。一方有权利，另一方一定有义务。这个“权利—义务”关系，一定就是个人与国家之间的关系。所以，以这种方式对于宪法的界定，实际上就是在说明宪法核心处理的问题是个人与国家之间的关系。

下面我给出一个相对比较学术化的宪法定义：宪法就是确认一国的民主

制度,通过规范控制国家权力、保障公民权利、具有最高效力的国家根本法。

首先,宪法一定是跟民主制度相关联的,也就是说,宪法统治之下的国家不是专制国家,不是个人的统治,也不是少数人统治,而是多数人的统治,是人民的统治。

其次,宪法在一个国家的法律体系中具有最高的效力,所有法律的制定都必须以宪法为依据,所有的法律都不能够违反宪法,不能与宪法相抵触。宪法规定了这个国家中一些最根本的内容,所以它是国家的根本法。

中间的这一句揭示了宪法定义中最实质性的内容:"宪法是通过规范控制国家权力、保障公民权利……"宪法存在的目标就是保障公民权利。那么,宪法以什么方式来保障人民的权利呢?它是以规范和控制国家权力的方式来保障人民的权利,所以宪法一定是在处理国家权力和个人权利之间的关系。

□ 地位理论:个人与国家的四种关系

个人与国家之间是一种什么样的关系呢?在此介绍一种关于个人与国家关系的"地位理论"。这种理论认为,个人与国家之间的关系无非四种:个人相对于国家处于一种消极的地位,一种积极的地位,一种主动的地位,一种被动的地位。

消极地位指的是宪法保障的公民的各种自由权,比如人身自由、住宅自由、通信自由、通信秘密、言论自由、宗教信仰自由,以及财产权,国家不要干预。我有人身自由,你不要随便地来拘捕我;我有住宅自由,你不要闯入我的住宅;我有通信自由,你不要随便检查我的手机;我有言论自由,你不要不让我说话;我有财产权,你不要随便地剥夺我的财产、征收我的财产。

积极地位最主要的体现,就是各种社会权。所谓社会权,就是我需要国家帮助,比如有一天我失业了,我的生活没有保障,我向国家去寻求帮助:能否提供一些救济金,能否保证我最基本的生存。再如我想受教育,我也需要国家帮助,需要国家来建立学校、配备师资,这样我才有机会去受教育。社会权要求的是,国家要积极地进行帮助。我国是一个社会主义国家,所以社会权在我国的宪法中处在特别重要的地位。

主动地位就是个人要参与到国家统治中来,其最主要的方式是选举、被选举、担任公职。此外,批评国家工作人员的一些错误做法,行使监督权,这也是一种参政权,体现的是个人对国家的主动地位。

被动地位就是个人要向国家承担义务。最典型的义务就是每个公民都要纳税、服兵役,这些就属于公民义务的范围。

所以,简单梳理后,大家会发现我们时时刻刻都处在相对于国家的关系之中。如果我们把个人与国家之间的关系厘清以后,我们会发现这些问题在现实生活中是经常会出现的。

这里给大家讲述一个真实的案例。某省人大常委会出台的《道路交通安全条例》作了这样的规定:因为调查交通事故案件的需要,公安机关交通管理部门可以查阅或者复制交通事故当事人的通讯记录。言外之意是假如你发生剐蹭事故,交警可以查你手机了。我想大家一定会觉得这个事情很敏感,毕竟手机现在对我们来说太重要了,里面包含了特别多的个人信息,随便让别人看,我们心里是非常不安的。具体而言,这个案例会涉及我国《宪法》第40条规定的通信自由和通信秘密。这样的规定有没有问题呢?事后全国人大常委会法制工作委员会进行了合宪性审查,审查的最终结论是该规定本身有违上位法。于是他们向该省人大常委会作出审查意见,要求他们及时纠正。这里体现的就是禁止国家干预个人的通信自由。

当然,如果我们要去展开个人权利与相对应的国家义务的情况,会发现其中是非常复杂的,图1说明基于不同的功能而对应的国家义务关系。

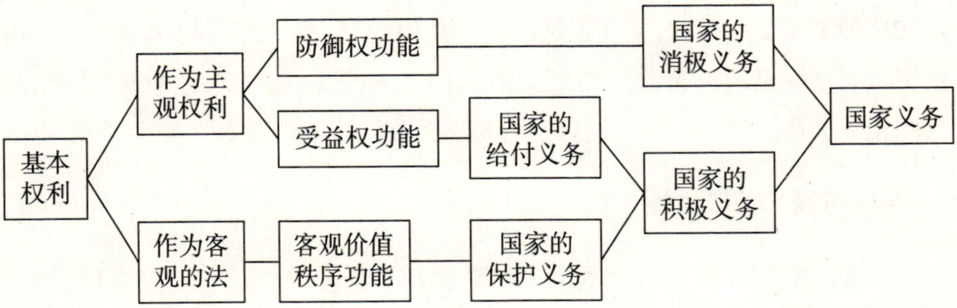

图1　基本权利的功能与国家义务的对应关系

□ 宪法权利对整个法体系的辐射作用

基本权利构成了现代宪法的价值基础,它的作用有时其实已经超越了个人与国家间关系的领域;它作为一种客观的价值,其影响范围是非常广泛的。某种意义上,在一个现代国家,国家的一切行为都必须以实现个人的权利作为目标。同时这个权利作为客观的价值秩序,也会辐射整个法体系。

这就意味着，在法律体系中，过去很多问题我们可能并不把它当作宪法问题来理解，仅仅当作部门法的问题来理解。但是从今天来看，却有可能发现这些问题里面有宪法的因素，可以从宪法层面进行一些思考。在这里我给大家举两个例子。第一，《民法典》第 1027 条规定，“行为人发表的文学、艺术作品以真人真事或者特定人为描述对象，含有侮辱、诽谤内容，侵害他人名誉权的，受害人有权依法请求该行为人承担民事责任。行为人发表的文学、艺术作品不以特定人为描述对象，仅其中的情节与该特定人的情况相似的，不承担民事责任”。我们知道，现在流行文化中的“同人小说”也引起了不小的争议，在这种情况下，创作者能不能主张宪法上的艺术自由？第二，辩护律师要接受被代理人的报酬，但是被代理人支付的费用可能是犯罪所得，律师就可能被认为涉嫌洗钱。在这里，律师能不能主张这是其职业自由？

■ 权力

□ 宪法作为组织法

我们先回到“宪法”这个词，“宪法”是一个舶来词。英文“constitution”一词最早的含义是组织、制度、结构、政制等，比如亚里士多德在《政治学》中，就是在这种意义上使用的，宪法天然的是一部组织法，是一部建构国家的法。现代国家通常都是通过宪法建构起来的，由宪法规定国家权力的组织、结构、运行和相互关系。

□ 宪法与国家的正当性

在这之中有几个关键的概念。首要的概念是正当性。所谓正当性，就是指统治被人们所接受、所同意。所以宪法首先要解决国家统治正当性的问题。对此，我国《宪法》第 2 条规定了非常重要的人民主权原则：中华人民共和国的一切权力属于人民。这是从国家权力的来源角度说明了国家的正当性。此外，我国《宪法》的序言中，还有大量关于国家正当性的表述。《宪法》序言开篇写道：“中国是世界上历史最悠久的国家之一。中国各族人民共同创造了光辉灿烂的文化，具有光荣的革命传统。”后面又记述了 1840 年以后的历史以及中国共产党的革命史。那么，宪法为什么要写这些历史性的叙述呢？如果回到正当性的概念去思考，所有的这些表述都是在说明，中国共产党领导中国人民建立中华人民共和国是具有正当性的。所以,宪法的这些内容实际上具备确立统治的功能。确立统治还有一些层面,比如说我国《宪法》第1条规定了我们的国体:中华人民共和国是工人阶级领导的、以工农联盟为基础的人民民主专政的社会主义国家。

□ 宪法与国家权力配置

宪法还有非常重要的一个层面,就是对国家权力作出配置。比如《宪法》第3条规定了民主集中制,第三章规定的是国家机构,这些规定都是意在对国家权力构成进行分工配置。我国有立法权、行政权、司法权,现在还有监察权,在作出这种区分之后,宪法又会规定它们相互之间的关系是什么,比如人民代表大会跟政府之间是什么关系,人民代表大会和法院、检察院、监察委员会之间有什么关系?它们运行的时候,会有什么样的连接?相互之间会有什么样的监督关系?这些就属于对权力的分工。

权力配置在不同的国家差别是非常大的。比如西方实行三权分立,而我国实行的是人民代表大会制度,我简单介绍一下我国的人民代表大会制度下的国家机构体系。其中,具有最高地位的是全国人民代表大会,这是我国的最高国家权力机关。作为国家象征的是国家主席,国务院是行政机关,中央军委是军事机关,法院是审判机关,检察院是法律监督机关。2018年《宪法》修改还设置了监察委员会。那么,它们相互之间的关系是什么呢?这就是宪法学要去研究的问题。我们要解决的问题是为什么要建构一个国家,为什么要在宪法中对国家的权力作出这样的配置?那么这就涉及另外一项非常重要的概念——“国家能力”。

□ 宪法与国家目标

我们对国家有很多不同的期待,不同的期待会涉及不同的国家的形态。比如在亚当·斯密看来,国家应该是一个守夜人。国家就应该为社会提供最基本的安全和最基本的秩序,外敌入侵了它能赶走,内部的秩序它能够维护,这就够了。即使这个国家是比较小的国家,但它也要具备这些最基本的能力。后来又发展出了所谓的福利国家。福利国家是指国家不仅要维持最低限度的安全和秩序,还要求国家介入经济生活的方方面面,特别是要扶助社会中的弱者,让社会中的弱者能够过上符合人性尊严的幸福生活。福利国家对国家能力的要求就一定会超过守夜人国家。现在还有一种新的发展，就是在风险社会的背景下，比如在面临新冠肺炎疫情的时候，我们会发现，需要国家更强大的能力，这个确实可能是一个新的发展方向。

无论如何，我们要知道为什么要建立一个国家，是因为我们需要安全、需要秩序、需要幸福生活，而这些是需要建立一个国家才能够实现的，这就是我们强调的国家能力。我国是一个社会主义国家，社会主义国家对于国家能力的要求是非常高的，我国《宪法》对于国家能力的要求也是非常高的。如《宪法》序言的第七自然段规定了国家的根本目的：

> 我国将长期处于社会主义初级阶段。国家的根本任务是，沿着中国特色社会主义道路，集中力量进行社会主义现代化建设。中国各族人民将继续在中国共产党领导下，在马克思列宁主义、毛泽东思想、邓小平理论、"三个代表"重要思想、科学发展观、习近平新时代中国特色社会主义思想指引下，坚持人民民主专政，坚持社会主义道路，坚持改革开放，不断完善社会主义的各项制度，发展社会主义市场经济，发展社会主义民主，健全社会主义法治，贯彻新发展理念，自力更生，艰苦奋斗，逐步实现工业、农业、国防和科学技术的现代化，推动物质文明、政治文明、精神文明、社会文明、生态文明协调发展，把我国建设成为富强民主文明和谐美丽的社会主义现代化强国，实现中华民族伟大复兴。

这样高远的目标对国家能力的要求就会非常高。此外，我国《宪法》中还有很多"国家目标"条款，当中体现的是国家目标。《宪法》第 26 条规定，"国家保护和改善生活环境和生态环境，防治污染和其他公害。国家组织和鼓励植树造林，保护林木"。《宪法》里面为什么会规定植树造林呢？这其实也是一种国家目标的设计，即要保护生态环境。

□ 宪法与国家权力的制约和监督

我们强调国家一定要有正当性，而且这个国家一定要有能力。但是这还不够，国家要正当而有能力，还需要另外一种能力——国家不能做坏事。我们为了享受国家给予的安全和秩序，为了享受国家带来的幸福，我们就需要赋予国家非常强大的权力。但是这样强大的权力有可能被滥用，反过来侵害我们的权益。所以在这种情况下，就要强调国家不能做坏事。

习近平同志曾指出,要加强对权力运行的制约和监督,把权力关进制度的笼子里。这个制度的笼子是什么呢？首先就是宪法。宪法具有一项非常基础性的功能,就是限制统治。具体而言,对于国家权力,首先存在一种人权的限制。2004 年《宪法》修改时,增加了“国家尊重和保障人权”这一条款,这就意味着国家的行为不能损害人权。此外,宪法还规定了法治的原则,现在讲“全面依法治国,建设社会主义法治国家”,《宪法》第 5 条就规定,一切违反宪法和法律的行为,必须予以追究,它体现的就是法治原则。如果再想深一步,就会发现法治的原则当中也蕴含着民主,因为国家的法律是由全国人民代表大会和全国人大常委会制定的,而这是民意的代表机构,所以法律的统治实际上就是民主统治,两者在内在价值上是具有一致性的。

对于统治行为进行限制,还有一些原则,比如权力监督和权力制约原则,这也是宪法最基本的原则。在我国,它就表现为人民代表大会制度之下的监督,2018 年《宪法》修改增设的国家监察机关,其实同样体现了加强权力监督的精神,这是宪法限制统治功能的表现。

每个人都希望保有自己的自由和权利,但我们又需要国家来维护秩序,提供一些公共产品和服务,所以需要国家拥有很强的能力。可是,这个国家它也有可能反过来对我们的权利构成一些威胁,这时可能就会进入第三个概念:权衡。

■ 权衡

□ 宪法中的价值冲突

现行《宪法》规定了社会主义核心价值观,这里面包含着很多的价值。如果我们分析一下,会发现宪法所保障的价值之间经常存在一种紧张关系,它们相互之间是会产生冲突的。在民主、自由、平等、法治、公正等价值之间,就会出现紧张关系。比如民主和自由有的时候会发生冲突,民主强调的是多数决,即多数人做决定,少数服从多数。如果多数人做的决定是损害少数人自由就可能发生冲突。

此外,民主和法治之间也有可能发生冲突,一项按照民主程序大多数人能接受的事项,也有可能违反法律。如果所有人都觉得我们应该这么去改革,那我们能否在没有法律依据的情况下去改革呢？现在有一个非常重要的话叫作

"重大改革要于法有据",其实也在调和两种价值。

再者,法治和公正之间有时也会产生冲突。虽说法治通常是公正的,但是有的时候严格依法办事得出的结果,却让我们有一种正义感的疑虑:难道依法裁判得出的就是这样的结果吗?那么,这时法治和公正之间就存在冲突。

除了这些价值之间的紧张,还有一些利益和权利之间的相互影响。如公共利益和个人权利之间,个人自由与个人自由之间都会发生冲突。上文提及的同人小说的例子中,创作同人小说对于作家而言是艺术自由,对于另外一方而言可能就涉嫌侵害人格尊严。这种情况下,艺术自由和人格尊严之间就可能发生冲突。此外,自由和平等之间也会发生冲突,如果放任自由竞争,一定会出现强者越来越强,弱者越来越多的情况。

□ 理性权衡与比例原则

宪法所保护的一些价值、利益之间,往往会存在紧张关系,而这些价值又是都要实现的,这个时候不能去讲非此即彼。更多的时候不是厚此薄彼,而是要让所有的这些价值在总体上最大化。在这个过程中,实际上就需要理性的权衡。古今中外,权衡是人类思维非常重要的方面。在中国,孟子主张"执中行权","执中无权,犹执一也"。儒家所说的"中庸"不是折中、和稀泥,而是要在两端之间进行"执中",也就是进行权衡,权衡之后选择的判断才是"中庸"。如果不进行权衡,简简单单地去折中了,这就不是中庸之道。

在公法上,理性权衡有一些著名的表述:"警察不得以大炮来打麻雀。"意思是,为了保护谷物,可以消灭麻雀,但是犯不着用大炮。这里讲的是目的和手段之间的权衡。公权力在做一件事的时候一定有其目的,同时采用某种手段,而这个手段往往造成一定的损害,那么就要思考如何在手段和目的之间达成平衡的关系。正如马克斯·韦伯所说:"'善'的目的,往往必须借助在道德上成问题或至少是有道德上可虞之险的手段,冒着产生罪恶副效果的可能性甚至于几率,才能达成。"意思是说,我们追求的目的往往是良善的,但所采取的可能是罪恶的手段。并不是说,目的是好的,手段就一定是善的。为了实现一个好的目的,手段必须是经过精心的选择和权衡的。

在手段—目的的衡量问题上,公法学最常用到的就是比例原则,比例原则就是指手段与目的之间要合比例,不能够为了实现某个目的而不择手段。比例原则的内容包括四个层次。第一个层次是目的正当性,即所要实现的目的是不是正当的？第二个层次是手段适当性，即所使用的手段能否实现这个目的？第三个层次是手段是否具有必要性？就是说这个手段固然能够实现目的，但有没有另外一个手段也能够实现目的，并且造成的损害更小呢？如果最后选出来的这个手段已经是最温和的手段了，再进入第四个层次——狭义比例原则。我们把这个最温和的手段所造成的损害与手段最后所实现的目的放到一起比较，就可以作出到底要不要采用这个手段的判断。

我们回到本文开头讲的那个例子，看这个很轴的厨师，他不想戴帽子。他主张法律必须戴帽子的规定损害了他的自由。这种情况下，就需要进行衡量，一步一步来：

第一步，国家为什么要制定法律，规定厨师必须戴帽子？这是出于一种食品卫生的目的，最终它是为了保障公众的饮食健康，那么这个目的当然是正当的。

第二步，这个手段有用吗？戴上帽子以后能不能实现这个目的呢？能实现，为什么呢？因为戴上帽子以后就可以防止头发、头皮屑等掉到菜里面。所以这个手段是具有适当性的。

第三步，有必要吗？为了实现这个目的，有没有别的手段？比如说，剃光头。现实中的确有这样的情况，某个地方有一个火锅店，里面所有的员工都剃了光头，那么就不可能存在头发掉到菜里的可能性，这也是一个手段。为了实现这个目的，我们现在有两种手段，一种手段是戴帽子，另一种手段是剃光头，那么，要比较一下哪个手段造成的损害更大？如果换作你，是愿意戴帽子，还是愿意剃光头呢？

这就很容易就能得出结论了——我还是戴帽子吧，学了法律，本来头发就不太多了，现在还要剃掉，多可惜。这样的话，我们就选出来，戴帽子是一个必要的手段，也就是一个损害最小的手段。

第四步，用狭义的比例原则来衡量。戴帽子可能对某些厨师造成了困扰，构成了对个人自由的一些限制，但它对应实现的利益是公众的健康，在这种情况下，它就是合适的。

这就是最常用的比例原则。在公法上，可能经常需要在国家权力所代表的公共福祉和个人权利所代表的私益之间进行衡量，最后作出是否不当地限制了个人权利的判断。在这里，需要注意两点：第一，比例原则的衡量必须在具体的情境之下进行，抽象地去讲这个手段有没有用、有没有其他的手段是很困难的。第二，在具体的案件中我们必须把所有的因素都考虑进去，然后才能够作出判断。

□ 理性权衡与知识开放

在进行比例原则的衡量时,经常需要借助其他学科的知识。比如在疫情防控中,国家采取了很多措施。我们在对这些措施进行判断的时候,经常需要其他学科的参与。首先,至少要咨询医生,这样的手段有用吗?假如有医生告诉我们,测量体温的手段对疫情防控来说基本上没有用,那么这个手段有可能就不能通过手段适当性的审查了。

实际上我们会发现,这些医生在衡量问题的时候,尽管可能根本不知道比例原则,但是他们的很多理性思考与我们是非常类似的。此外,我们还可能需要借助经济学家的判断,去思考在疫情防控当中要不要复工这样一个问题。不复工经济会出问题,复工又会增加疾病传播可能性。这时可能就需要去做经济学上的计算,才能够判断。

■ 结语:宪法是入门容易深造难的学问

总结而言,宪法解决的核心的问题是个人与国家之间的关系的问题,一方是个人的权利,另一方是个人需要的国家权力,而国家权力很多时候代表了一种功能。在国家权力和个人权利之间,经常会遇到一些需要权衡的问题,最后来实现社会利益的最大化。所以,如果能够把这三个"权"学好了,宪法学可能就算入门了。

韩大元教授讲过一句话:宪法是入门容易深造难的学问。宪法的一些最基本的概念,如个人权利、自由、民主、平等,都是我们在日常生活中反复强调的,所以宪法学习的内容好像门槛没有那么高。但是如果你真的进入了宪法学的学习中,就会发现里面有非常多细致精微的问题,同时又有非常宏大的价值性判断,所以越学越无知,越学越困难。这就是学习宪法的一种感受。

▣ 阅读指引

▣ 基础书目

1.《宪法学》编写组:《宪法学》(第2版),高等教育出版社、人民出版社2020年版。

马克思主义理论研究和建设工程重点教材。

2. 胡锦光、韩大元:《中国宪法》(第4版),法律出版社2018年版。

紧密围绕中国宪法原理、宪法制度及宪法事例展开,具有一定理论深度的教材。

回 进阶书目

1. 肖蔚云:《我国现行宪法的诞生》,北京大学出版社1986年版。

宏观视角与细节讨论并重的作品,是理解现行《宪法》的重要依据。

2. 许崇德:《中华人民共和国宪法史》,福建人民出版社2005年版。

共和国宪法历程见证者的心血之作,注重对经典文献、文稿的再现和考究,以历史叙事阐释我国现行《宪法》之由来。

3. 吴家麟主编:《宪法学》,群众出版社1984年版。

4. 韩大元、林来梵、郑贤君:《宪法学专题研究》(第2版),中国人民大学出版社2008年版。

贯彻规范宪法学方法,侧重宪法原理与专题性问题,系统引入国际学界研究成果,体系较为完备的研究型教材。

5. 张翔:《基本权利的规范建构》(增订版),法律出版社2017年版。

基本权利总论领域体系化的初步尝试,围绕基本权利的功能,基本权利的保护范围、限制、竞合、冲突等问题进行了教义学建构。

6. 张翔主编:《德国宪法案例选释(第1辑):基本权利总论》,法律出版社2012年版。

选取了德国联邦宪法法院关于基本权利的12个重要判决进行译介,这些案例构成了理解德国基本权利理论的纲要,可以帮助我们学习宪法案例分析的方法。

7. [日]芦部信喜著,[日]高桥和之补订:《宪法》(第6版),林来梵、凌维慈、龙绚丽译,清华大学出版社2018年版。

集中凝结了著者对日本现行宪法的体系思考,是举重若轻的宪法学教材。

8. [德]康拉德·黑塞:《联邦德国宪法纲要》,李辉译,商务印书馆2007年版。

“该书以宪法的基本原则为宗旨,通过其独一无二的布局谋篇,对实施中的现行宪法作出了详尽的以及几乎无所缺漏的阐述与介绍。”——彼得·黑贝勒

行政法学系中的两种视角

俞祺

关于作者

俞　祺

北京大学法学院助理教授。浙江大学法学学士（2011年），北京大学宪法与行政法学博士（2016年），清华大学法学院博士后研究人员（2016~2018年）；美国加州大学伯克利分校访问学者（2014~2015年）。主要研究领域为行政法学、宪法学、立法法、地方制度。

2018年开始在北京大学法学院任教，主讲以下课程：（1）初阶讲授类：行政法与行政诉讼法；（2）高阶研讨类：国家赔偿法；（3）案例研习类：行政法案例研习。

■ 规范视角与经验视角的分野

行政法的学习和实践中存在规范与经验两种不同的视角。规范视角处理的是应然命题,经验视角处理的是实然命题;两者之间不可相互推导,故必须予以区分。其中,规范视角下有两种不同的推理模式:形式推理和实质推理。形式推理就是运用形式逻辑进行推理,比如归纳法和演绎法;而实质推理是一种价值权衡,要求在不同价值之间进行选择。与此同时,经验视角下也有不同进路,在法律领域较为常见的是经济学和社会学的范式。具体如图 1 所示:

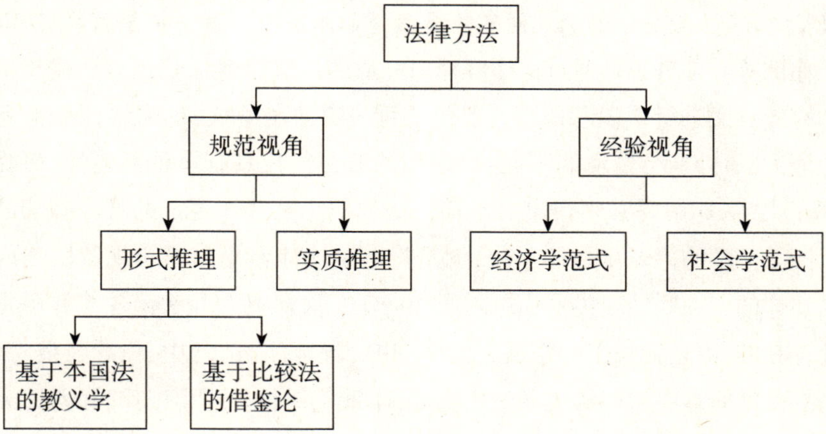

图 1　法律方法的两种视角

■ 规范视角

在解决法律问题的过程中,我们通常首先采用规范视角,因为法律问题多是具有规范性的应然问题。不过从规范视角切入后,应先采用形式推理还是实质推理呢?毫无疑问,基于法的安定性,若没有特殊情况,应当采用形式推理方式。在形式推理中,最基础的就是司法三段论的适用。具体地说,就是在法律规范所确定的事实要件的大前提下,在案件中寻找具体的事实要件作为小前提,最后根据三段论得出判决结论,这一过程便是经典的司法三段论推理。法律规范通常被分为“构成要件”和“法律后果”两部分。只要一个具体事实满足这个规范所规定的所有事实要件,就可以运用逻辑推理直接推出相应的结果。例如,我们可以从大前提"生产假货应没收违法所得"和小前提"甲生产假货"中,推导出结论"甲应被没收违法所得"。这一操作过程极为清楚,而且并不涉及那些不确定的价值判断,因而可以限制法官的自由裁量,最大限度地保证判决的客观性和确定性。

但问题是,作为大前提的法律规范往往并不清楚,这就需要导入一些更加复杂的形式推理,即本国法的教义学。所谓法教义学,就是将本国现行的实在法秩序作为坚定信奉而不加怀疑的前提,以此为出发点开展体系化与解释工作的一门规范科学。与自然法或者历史哲学、社会哲学等视角不同,法教义学预设现行法秩序大体看来是合理的,并且对这一断定抱有十足的确信。在这一确信之下,法教义学的两大任务便是解释和体系化。第一步是解释,法教义学工作的核心部分正是通过法律解释来完成的。法律解释就是对法律规范的客观有效意义进行认识和阐明。鉴于语词带有多种意义,加之语词创作者的表达能力、所处社会情境的不同,对语词的解释往往具有多种可能性,而为了实现正义,法律解释必须得出对于某一法律概念和法律规范的唯一确切的含义。法教义学的第二步是体系化,就是将单个法律概念和法律规范所连成的巨大整体的内在联结或关系加以阐明和展示。法律概念和法律规范并不是孤立地存在的,而是置身于一张巨大而坚韧的"规范网络"之中,概念与概念、规范与规范之间存在密切的关联。相应地,体系化也包含两项工作,即勾连和排斥:发现个别法规范之间,以及个别法规范与整体法秩序主导原则之间的意义脉络,并将之以体系的形式表现出来(勾连),以此来整合各种价值、消除规范之间的矛盾(排斥)。尽管我将解释作为第一步、体系化作为第二步,但实际上二者很难说清孰先孰后。解释与体系化存在某种"交叠关系",解释某个特定的法律规范,要受制于该规范的意义脉络、上下关系、体系地位,以及这一规范对法律体系整个脉络的功能。

我们以行政诉讼受案范围为例,来看如何以规范视角来研习行政法。在《行政诉讼法》修改以前,行政诉讼的受案范围仅规定行政行为侵犯人身权、财产权的情形可以提起诉讼。那么,如果劳动和就业的权利受到侵犯,是否可以起诉呢?我们曾经谈过,原行政诉讼受案范围包括经营自主权,但经营自主权并不属于传统人身权和财产权的范畴,而是与人身权、财产权密切相关的其他权利类型。通过归纳,我们可以认为 2017 年以前的《行政诉讼法》受案范围中的“人身权和财产权”概念并非狭义上的概念，而是包括与人身权、财产权密切相关的其他权利类型的广义概念。从这个新的大前提出发，可以发现，劳动和就业的权利事实上也与人身权和财产权密切相关。因此，再通过一步演绎推理，我们可将对这类权利的侵犯也纳入行政诉讼受案范围。

另有一种在特定历史阶段具有重要作用的形式推理模式，就是基于比较法的借鉴论。在该模式下，推理往往从外国法的原则或规则出发，以解决国内尚无明确法律规定的规范问题。这一比较法的借鉴论源自比较法中的功能主义方法，它以“寻找不同法律解决办法”为中心任务，无论所比较国家的政治体制、法律制度、文化传统、宗教信仰有多大的差异，只要它们有解决相同问题的需要，就可以对其法律制度进行功能比较。这一视角有助于我们穿越不同文化和体制的藩篱，进行跨国家或民族的法律比较，对于改革开放初期的中国法学研究来说有很大启示。改革开放之初，我国要在短时间内参照西方国家建立市场经济下的法律体系，必然要大规模借鉴外国的法律制度。所以，比较法方法，尤其是功能主义的比较法方法在特定历史时期有一定作用。但随着本国法体系的逐渐完善，比较法方法的“顺位”逐渐降低。首先，作为比较法主要方法的功能主义方法，其弊端逐渐暴露出来，人们逐渐发现，功能比较采取的是“旁观者”，而非“参与者”视角，缺乏对于观察对象的“理解之同情”。而且功能主义方法偏重法律的“求同”研究，可能会排斥差异、消除多元。这也引出了包括功能主义在内的所有比较法方法的共同问题。人们发现传统的比较法研究过分追求整体性、统一性以及相似性，忽视了世界法律文化和体制的复杂性、多样性与异质性，这背后暗藏霸权主义/帝国主义的思维模式，个别西方比较法研究者在关注非西方法律时，甚至带有一种搜集异域野蛮文化的“猎奇心理”。上述原因导致比较法的借鉴论在我国当前的行政法研究中较少被采用。

还有一些规范问题很难从现有法律体系中找到明确答案，仅仅使用形式推理的方法已无法解决。这就需要从形式推理方法转化为实质推理方法，在多元的、可能存在内部张力的立法目的中进行权衡选择，获取适用于本案具体情况的规范大前提。拉德布鲁赫在《法律的不法与超法律的法》一文中指出，法的安定性不是法必须实现的唯一的、决定性的价值。除了法的安定性之外，还有法的合目的性与正义。罗伯特·阿列克西认为，在法的安定性和合目的性之间存在着一种张力，这种张力体现了法的双重本质，即法必然既包括一个现实的或事实的维度，也包括一个理想的维度。不过，有时目的权衡所依据的现实情况十分复杂,在不充分了解事实问题的情况下无法作出有效选择,此时就可能需要进一步引入经验视角。

■ 经验视角

行政法学科对经验视角有着较强的倾向性。有学者总结道,在我国八十年以来行政法学科本土化的过程中形成了两种研究传统。一种是注释法学传统,对应前文的规范视角。另一种是社会科学的行政法学传统,也就是用经验视角开展行政法研究。这一传统以罗豪才教授所倡导的"平衡论"为主要代表,关注真实世界的中国行政法"是什么"和"如何存在"的问题,通过发现、描述、解释和预测行政法的现象,来理解法律在一个相互联系的社会里如何产生、发展、变化,侧重关注行政法背后的政治、经济、社会基础和人类的行为动机。

从对2017年16种法学核心期刊的行政法文章主题分布情况的调查中,我们可以发现,经验研究为主的论文占36%,这是一个非常可观的比例。而在规范研究中,主要运用形式推理方法的论文占比不高,大量研究采用了实质推理方法(如图2所示)。这说明至少在行政法学研究中,有许多问题可能难以在现有规范体系内找到解答方案,必须依赖规范体系外,甚至事实调查的方式来回答问题,这体现了行政法体系的开放性。

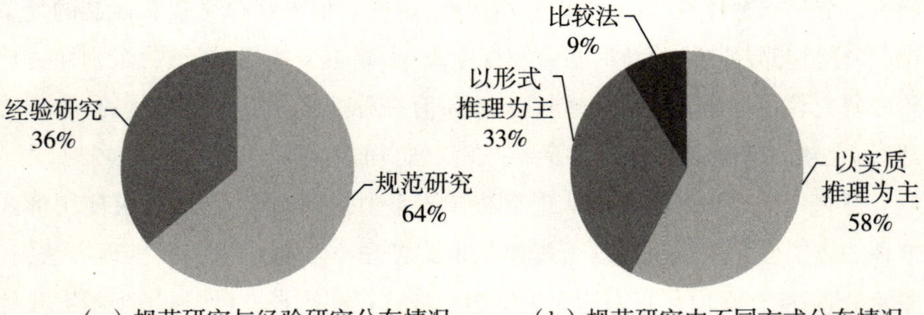

（a）规范研究与经验研究分布情况　　（b）规范研究中不同方式分布情况

图2　2017年16种法学核心期刊的行政法文章主题分布

上述现象缘何产生？首先,经济发展与城市化正在改变中国的传统社会形态,并引发大幅度的利益调整。法律是对利益进行分配调整的工具,因此相关法律规定也会有剧烈变化。其次,为适应因技术进步产生的新型行政管理方式，总体行政法制度和部门行政法制度均在快速调整，新的制度不断出现。基于上述两点，行政法中的问题较多表现为新型的立法和制度选择问题，这些选择往往带有“一事一议”的特征，时常难以从现有制度体系或传统的规范视角中获得圆满解答。对这些问题个别化的解决可能会导致行政法规范体系性的下降。

以复议机关作共同被告制度为例，法院面对经过复议的行政行为而决定维持原行为时，复议机关应当作为共同被告吗？基于规范视角，可以作出如下回答：(1)行政复议是准司法性的行为，复议决定可以被法院审查，但就像一审的法官不用在二审中当被告，复议机关不适宜到法院来当被告；(2)复议维持决定并没有改变原来的行为，不是诉讼客体，不应被起诉；(3)复议机关和原机关并不是共同作出行为，不符合共同被告的法理。

上述规范视角下的回答富有启发性，但该视角难以回答的问题是，双被告制度在实践中究竟取得了何种实效，是否提升了复议纠错率，采用这种改革方案究竟是否可行？有许多复议机关工作人员对该制度提出了反对意见，认为这一制度带来了消极的影响。比如有的意见认为，2017年修改的《行政诉讼法》关于共同被告的规定，使行政复议机关要投入大量精力到诉讼案件中，增加了复议机关的应诉负担，直接影响到复议机关办理复议案件，浪费了行政资源，最终也影响公共利益。但由于这些工作人员事实上在复议改革中利益受损，故而他们的反对意见也可以理解，但不能作为对事实问题的最终判断。我们仍须通过实际调查来检验该制度是否起作用。

此时，我们应及时转向经验视角。经过大量数据分析和比对并排除可能的影响因素后，基本可以认定2015年《行政诉讼法》的修改直接促使复议纠错率上升。在当下的中国社会，复议纠错率越高意味着法院越积极地纠正行政机关的错误，越少存在“官官相护”的可能性。根据访谈和调查，进一步找出了导致复议纠错率上升的两个可能的影响因素：(1)维持也要当被告的现象导致复议机关应诉工作负担大幅增加。从机制上来说，复议机关作共同被告制度在某种程度上正是通过工作压力的上升，逼迫复议机关改变“维持会”的形象。此外，复议机关的工作人员频繁前往法院开庭的交通或时间成本也会使其不胜其烦。因此，复议机关为了降低自己前往法院的频率，减轻工作负担，会有动力使案件在本阶段即“案结事了”。而要达到这一目的，则需要实质性处理相对人的需求，对能够支持的诉请尽量支持相对人，及时纠正原行政行为的错误。(2)应诉案件的增加带来更大的败诉风险,而这种败诉压力导致复议机关在履行复议职责时非常谨慎。与单纯的工作量增加相比,更令复议机关感到棘手的是参加诉讼后的败诉风险,因为在诉讼中败诉不仅影响本部门的年度考核,甚至还有可能被追究责任。原先,复议机关通过维持决定,可以将败诉风险推回给原行为的作出机关。法律修改后,复议机关必须与原机关承担"连带责任",从而造成复议机关的"应诉焦虑",这会促使复议机关主动在前端严格审查,避免未来的败诉风险。

另外需要关注的是制度改革的成本问题。虽然复议机关双被告制度的具体成本难以测算,但可以通过与其他类似制度的对比获得启示,如国务院原法制办大力倡导的复议委员会制度。复议委员会制度引入了中立的第三方人士,有利于加强复议审理过程的独立性,并提高复议的公正性,目前正在在全国范围内开展试点。但试点效果在不同地区差异较大。除了采用外聘专家审查大量案件的"济宁模式"取得良好效果外,目前大多数地方的复议委员会或者仅审理少数重大案件,或者换汤不换药,在复议委员会中另设人数较少的审查小组实质负责案件审理,对复议制度实效整体的贡献较为有限。

关于设置复议委员会的方案,我国台湾地区的诉愿委员会制度已经积累了大量的实践资料。举例来说,台北市诉愿审议委员会共有 11 位委员,其中"法务局"局长担任主任委员,一名"法务局"副局长与一名"法务部调部办事检察官"担任委员,其余的 8 位委员均为来自台湾地区高校的教师或律师事务所的律师。2017 年,台北市诉愿审议委员会开会 44 次,办理诉愿案件 2131 件。该委员会平均每周一次会议,每次会议审理 50 件,如此高强度的案件审理工作给委员们带来的负担可想而知。此外,我国台湾地区的各个"诉愿审议委员会"在审理前通常会有工作人员事先阅读案卷,并草拟处理意见。鉴于委员会开会过于频繁,这一环节对承办案件的工作人员来说同样压力巨大。如果在大陆广泛实施该制度,则需要数量庞大的学者和律师参与其中,很多地方目前无法承担这样的成本。除了外部委员的时间、精力和聘用支出消耗巨大外,诸多偏远地区或基层单位事实上很难聘请到适格的专家出任外部复议委员,而且这种"大委员会"式的审查机构事实上比法院的合议庭结构更加复杂,这会削弱行政复议简便快捷的优势。

相比之下,共同被告制度只是让复议机关增加些许负担,并未对成本造成很大冲击,目前来看是一个较好的制度选择。在改革初期,共同被告制度确实会给原有的工作秩序带来较大的挑战。比如在行政审判实践中，当事人基于经济、便利角度考虑，往往就近选择在原行政机关所在地法院起诉，一些中央部委机关尤其垂直领导机关的政策法规工作人员不得不代表本机关在全国范围内到处出庭应诉。不过，在行政复议制度运行良好的情况下，应诉成本不会成为改革所带来成本的主要方面。尽管复议委员会制度在案件处理质量以及制度稳定性方面可能具有优势，但复议机关作共同被告制度在目前阶段取得了比复议委员会制度更好的效果，同时耗费的成本也相对较低，是一项更加符合当前我国国情的改革方案。

综上，虽然行政法中的主要问题是规范问题，但规范问题的解决中不可避免地涉及很多事实判断。因此，行政法需要规范与经验两种视角，两种视角之间需要灵活切换。相应地，在学习行政法过程中除阅读传统规范视角下的著作外，也应该多阅读政治学、经济学、社会学等方面的论述。同时，应当利用假期去我国的基层多看一看，观察法律的实际运行情况。法律并不单纯是文本，而是嵌套在社会中的一个体系，只有更好地理解社会，才能更好理解法律。胡适曾说要“多研究些问题，少谈些主义”，我们也只有从中国的实践中才能更好地理解中国的法律。

▣ 阅读指引

▣ 基础教材

1. 姜明安主编：《行政法与行政诉讼法》，北京大学出版社、高等教育出版社 2019 年版。

   我国目前使用最广泛的行政法学教科书之一，该书较为全面地介绍了行政法和行政诉讼法学的基本知识，可帮助初学者建立行政法学的整体概念框架。

2. 马克思主义理论研究和建设工程重点教材《行政法与行政诉讼法学》编写组：《行政法与行政诉讼法学》，高等教育出版社 2018 年版。

   体现了目前行政法学领域的通说，整体结构安排合理，对不少重要问题作了相对详细的介绍。

▣ 进阶教材

□ 综合

1. 章剑生：《现代行政法总论》，法律出版社 2018 年版。

   在写作风格上不同于传统教材，其最主要的特点是，简化编写了大量现实中的案例，作为对相关制度介绍的辅助。有一定基础的学习者从中可获得对我国行政司法实践的系统认识。

2. 李洪雷:《行政法释义学:行政法学理的更新》,中国人民大学出版社 2015 年版。

讨论了行政法学领域十个方面的重要问题,展现了我国行政法学基础理论中存在的争议,并从释义学的角度推动了行政法学理的体系化。

3. 余凌云:《行政法讲义》,清华大学出版社 2019 年版。

力图解决行政法理论对实践的失语问题,在写作上多采用论证式写法而非介绍式写法,相对深入地讨论了许多当前通说未能有效处理的难题。

□ 领域

1. 何海波:《行政诉讼法》(第 3 版),法律出版社 2022 年版。

何海波教授长期关注行政诉讼实践,该书是其多年积累成果的集中体现。书中引用大量案例,对现实的回应性强,众多行政法实务工作者在办案过程中将其作为重要的参考书目。

2. 沈岿:《国家赔偿法:原理与案例》(第 3 版),北京大学出版社 2022 年版。

国家赔偿领域的经典教材,细致入微地分析了国家赔偿制度的各个方面。同时,该书以国家赔偿为线索,讨论了行政法总论中的多个基础问题。书中各章结束时均安排有设计精巧的思考题,值得读者认真阅读。

回 其他著作

□ 规范视角

1. 王天华:《行政诉讼的构造:日本行政诉讼法研究》,法律出版社 2010 年版。

王天华教授深耕日本行政法多年,其关于日本行政诉讼构造的介绍亦有助于读者深入理解我国行政诉讼制度。本书写作凝练,语言表述通俗易懂,对行政诉讼的基本原理作出了清晰的解读。

2. 王贵松:《行政裁量的构造与审查》,中国人民大学出版社 2016 年版。

行政裁量问题堪称行政法中的哥德巴赫猜想。王贵松教授这本专著从解释学的角度切入,剖析了行政裁量的内在构造,是运用规范法学研究方法的佳作。

□ 经验视角

1. [美]肯尼思·沃伦:《政治体制中的行政法》,王丛虎等译,中国人民大学出版社 2005 年版。

行政法镶嵌于政治体制之中,因此,对行政法的观察有时也应跳出条文和判例,从政治体制整体的角度切入。该书是专为公共管理学领域的学生所撰写的行政法教材,试图将法律问题和公共政策问题结合起来,提供给读者不一样的视角。

2. [英]安东尼·奥格斯:《规制:法律形式与经济学理论》,骆梅英译,中国人民大学出版社 2008 年版。

规制理论体现了经济学思想对行政法的影响。本书展示了交易成本、公共选择、成本收益分析等理论或方法在行政法中运用的可能性。

3. 王锡锌:《公众参与和行政过程:一个理念和制度分析的框架》,中国民主法制出版社 2007 年版。

实现了行政学与行政法学的结合,突出了行政决策的形成过程,特别分析了公众参与制度在行政法领域的空间,对我国公众参与制度在实践中的建立产生了重要影响。

4. 汪庆华:《政治中的司法:中国行政诉讼的法律社会学考察》,清华大学出版社 2011 年版。

汪庆华教授长期坚持功能主义的研究进路,对行政司法实践的现状有深刻观察。运用社会学方法,对行政诉讼功能在基层的变异现象作出了精到的描述,向读者呈现了行政诉讼在中国的复杂面貌。

北大法学进阶

以三阶层为纲掌握刑法总论

车浩

关于作者

车　浩

北京大学法学院教授，博士生导师。教育部长江学者特聘教授，第九届“全国杰出青年法学家”。主要研究方向为中外刑法学。著有《阶层犯罪论的构造》《刑法教义的本土形塑》等。

在北京大学法学院讲授以下课程：（1）本科生必修课：刑法总论、刑法分论；（2）研究生专业必修课：刑法总论、刑法分论；（3）案例课：刑法案例研习（国家级一流本科课程）；（4）实务课：刑事辩护实务；（5）写作课：法学研究与论文写作；（6）通识课：法律思维与法学方法。

本科生的“刑法总论”重在为学生打基础，了解刑法学科的基本概念及其内在关系，让学生在脑海中构建起一个犯罪论体系的思考框架，并通过这个框架整体性地把握刑法学理论大厦的概貌。本文要阐释的是三阶层的犯罪论体系。纲举目张，同学们需要以三阶层为纲来梳理和把握刑法总论的内容。

本文拟通过学生在期中阶段提出的一些具有代表性的问题，在三阶层犯罪论的体系框架下予以回答，希望能够帮助大家清除路障，并明确接下来学习的重点和方向。

■ 刑罚论部分

问题1：“很多刑罚理论以康德主张的人是目的不是手段为由，认为不应该把犯罪人作为杀鸡儆猴的‘鸡’，以维护犯罪人的人格尊严。但是杀鸡儆猴确实有用，也有一定的必要，所以这句话或者与此相关的观点是不是一种粉饰太平的工具，而没有实际意义？”

目前的刑罚理论主要分为两大类：一类是报应，另一类是预防，两者的差异主要在于对犯罪人施加刑罚的原因、根据和目的不同。报应理论认为，之所以对一个人施加刑罚，是因为他曾经犯下的罪行。报应论是一种回头看的理论，针对一个已然之罪。而预防理论的核心思想是，之所以对一个人判处刑罚，是为了预防新的犯罪不再出现。预防论是一种向前看的理论，针对一个未然之罪。未来犯罪的出现有两种可能，一种是犯罪人自身再犯罪，另一种是其他人的效仿犯罪。在预防论当中，针对前者的预防叫作特殊预防，针对后者的预防是一般预防。

由此可见，报应理论和预防理论的核心内容存在这样一种对立，就涉及这个问题。报应理论对预防理论的批评，即认为预防理论把人当作一种预防犯罪的工具，是杀鸡儆猴，通过惩罚犯罪人来威慑其他人，侵犯了人作为目的的尊严。如果一个国家的刑罚仅仅考虑预防，不考虑报应，就会意味着为了达到预防犯罪的目的，也可以对一个轻罪者予以重判，此时犯罪人完全成为服务于国家减少犯罪目标的一种工具，对他施加的刑罚要达到什么程度，完全取决于预防犯罪的效果能达到什么程度。从这一点来讲，刑罚可能是“有效但不公正的”。但是反过来,预防理论对报应理论的最大批评就是,报应理论“华而不实”,只想着针对过去施加报应,但对未来可能出现的犯罪问题却束手无策。如果一个国家的刑罚仅仅考虑报应,那就会在面对各种层出不穷的犯罪时,没有办法应对,它只能在犯罪发生之后对犯罪人进行回应,也就是“公正但无效的”。

这些通常是在立法和司法的时候会考虑的问题,但是,在一个刑罚被立法者制定出来,进入判决的实行阶段的时候,就会涉及下一个问题。

问题2:“如果不能证明监狱能够起到预防和改造的功能,那么这种对自由的拘禁到底是不是有效的刑罚手段呢?在这种情况下,使犯罪人痛苦的理由是什么?”

这个问题涉及监狱能否起到预防和改造的功能的问题。在事实经验层面,其实很难给出非常准确的答案。因为各个国家各个社会,甚至各个监狱的情况都是不同的,更重要的是各个犯罪人的情况都有很大差异,所以对这个问题的答案可能就不一样。比如说,一所大学除了能教会一个人专业知识之外,能不能起到让他的道德更加健全、人格更加完善的这样一个目标呢?对这个问题的回答,恐怕要看他身处什么样的大学,以及这个人本身进入大学的时候,已经是一个什么样的状态等。所以普遍地给出大学可以促进人格完善的结论,这种说法意义不大,反过来也不能简单地讲,大学会让人更加堕落,道德更加下降,会把人培养成精致的利己主义者。这都是一般的抽象的说法,关键还是要看具体的环境、制度和人。

一个监狱能不能完全改造和教育好一个人,跟这个例子的道理是一样的,很难给出一般性的肯定或者否定的答案。每个人的情况都有很大差异,我们只能说对于一个穷凶极恶的杀人犯,把他关到监狱里面,惩罚他并剥夺他的自由,让他有这种痛苦感,至少在最朴素的报应观念上有一种恶有恶报的满足。同样,从特殊预防来看,对于穷凶极恶的杀人犯,即使退一步讲,教育改造对他无效,无法使他从此向善做一个好人,一旦出狱之后可能还会杀人;但是至少在他被关进监狱的这段时间里,他没有办法再杀人,没有机会再危害社会了。如果是直接枪毙,这就彻底消除了他再度危害社会的机会;如果是长期的自由刑,把他长期拘禁在一个场所剥夺他的人身自由,实际上也意味着降低和减少了他继续作恶的机会,这是特殊预防的最低效果。所以说特殊预防即使不能使一个人向善,也可以防止他在一段时空内继续作恶,使他不能再出来危害社会。就此而言,它总是有效果的。

至于一般预防,对社会上的其他人能否起到威慑作用或者使其忠诚于法的效果呢?这很难进行实证性的研究,因为不容易去调查和证明,例如,假设没有这个法律和判决,一个人会不会去杀人、强奸、放火、抢劫。也很难做一个大规模的实验,研究人们在立法前后的状态,然后把犯罪现象归之于是否有这个法律的效力上。因为一个人去犯罪,总是有各种动因在里面,很难做出"行为人基于以往判决的威慑而不去犯罪"的有说服力的实证效果。对此,只能从一般意义上,把人从社会层面降低到生物层面来看,由于生物体共有的趋利避害的本性,在面对一个不想要的痛苦后果的时候,会有意识地去选择躲避。所以,预防理论从一开始就是以赤裸裸的威慑面目出现的,如果有一个失去自由甚至是死亡的可怕后果在前面等着他,这就是犯罪行为的代价,那它对人会不会有威慑呢?虽然没有办法做到精确的实证研究,但是从一般社会心理学的角度来讲,还是可以得到肯定回答的。当然要准确地说有多强程度的效果,这个也不好说。

关键是要理解报应和预防的观念,培养自己在这个问题上的辩证思维。比如有这样一道题目:某地乱停车现象很难治理,如果现在出台了一项法律,规定对违章停车要处以极刑,然后就几乎再也没有人乱停车了,请你评价一下这条法律。即使一个人还没有学过法律,但也会有一个大致的思想去评价它。首先会想这个法律有没有效?这一点,题目已经给出答案了,它是有效的,因为它出台之后就很少人再犯了。但是追问的话,这个法律是不是正义的呢?也就是他做错的事情和他所要遭受的惩罚之间,是不是有一个合理的报应?符不符合人们朴素正义观念中恶有恶报的想法?如果觉得报应不对等,那它即使是有效的,能让每个人都去遵守这条法令,但它本身仍可能就是不公正的,因为超出了报应的边界。

■ 行为论部分

问题3:"在行为的功能上,基础要素和作为连接要素有什么区别?有没有区分的必要?"

这里简单回顾一下行为的概念。一个理想的行为概念应当具有三种功能,一是它作为一个上位概念,能够把作为、不作为等都囊括进来,在解释过失、解释不作为、解释故意时，都可以在行为的概念下进行，这叫作基础要素的功能，就好像在给“人”下定义的时候，必须要同时能够把男人、女人、老人、儿童等各种不同形态的人都包括在内。二是连接要素功能，就是说相对于构成要件、违法性和有责性这样三个阶层而言，行为是一个被这三个阶层分别去修饰的对象。举个例子，当我们讲一个学生是一个德智体三方面都很优秀的学生时，“三好”实际上就是对这个学生的一种修饰和定语，而学生则是这三个好所具体指向的对象。同理，当我们说犯罪是一种构成要件符合的、违法的且有责的行为的时候，构成要件符合、违法和有责就相当于用“三好”去修饰学生一样，它们在这个地方也是修饰“行为”，行为在这个意义上就起到了一个连接功能。三是行为的界限功能，它能够把不属于行为的那些情形排除出去。

问题4：“在各个理论和案例当中，都没有事先对它是否是一个行为进行审查，而是直接就在构成要件阶层进行探讨，从这个角度来看，可不可以说现在已经不适用行为审查了？我们在案例分析的时候，是要先去讲清楚它是不是一个行为，还是直接从构成要件阶段开始审查？”

行为论是否属于阶层犯罪论体系当中的一个独立的阶层，对这一点是存在不同看法的，但即使是主流的三阶层理论不把行为论作为放在构成要件前面的一个独立的阶层，也会去重视行为论当中出现的各种问题，常常把它放在教科书当中作为专门的一节来加以讨论。

在通常情况下，的确很少在案例中专门去讨论是不是属于行为的情况，但这并不意味着没有。最典型的情况是课程中讲过的正当防卫和紧急避险。正当防卫是针对于人的不法侵害，强调的是一个人的行为，所以只要是人故意地驱使他的狗来咬你，或者过失地没有拽住那只狗去咬你，都属于人的不法侵害行为。而在紧急避险的场合，它的前提条件不是一个人的不法侵害而是一种危险。这个危险可能来自动物，也有可能来自人。如果这个危险表现为一种人的不法侵害的话，就可以直接先去适用正当防卫，不用再讨论紧急避险的问题了，因为正当防卫的条件更宽松，更有优位性的适用。

现在要面对的一种情形是，一个危险虽然来自人，但不是来自人的行为。比如，张三突然把李四从楼梯上推下去，或者李四突然癫痫发作抽搐，一下子从楼梯上滚下去，马上就要砸到王五。对于这个即将被砸到的王五来说，李四就是一个危险源。这个时候王五就要去排除危险，无论是把李四推开也好，还是跳到旁边撞上了其他人，损害到无辜第三人的利益也好，王五面对的是一个危险，这个危险来自人，但它却不是来自人的行为。由此可见，在这种场合下，讲清楚这里是不是一个行为就很重要，因为会涉及要适用哪一种正当化事由。如果是人的行为，那就直接适用正当防卫，如果不是行为，那就适用紧急避险。

尽管在大多数情况下，进入刑法视野中讨论的多是人的行为，非行为的情形是少数，在讨论具体案例的时候，也不需要专门写一段话去审查它属不属于人的行为；但是当遇到非常棘手的案子的时候，觉得可能有非行为的情形时，还是有必要做一个说明。任何的案例分析和写作，都是以具体的必要性为前提的，没有一定之规。

问题5："在目的行为论当中，什么叫作存在论意义上的目的性？怎么理解存在论这个词？因果行为论的有意性与目的行为论的目的性有什么区别？"

对这个问题的回答，要和故意的体系性地位联系起来，放到目的行为论把故意从责任阶层提到构成要件阶层这样一个背景中来理解。在目的行为论之前，人们会普遍认为行为就是一个客观的事实，构成要件也是一个客观的事物，至于主观上的故意之类的要素，是被放到责任阶层里面考虑的。在这种情况下，目的行为论就提出，行为的理解不可能纯粹从客观的外部世界的物理变化和身体动静来把握，仍然需要考虑到它是一个人为了实现某个特定目的而支配和驱动自己的身体与外界发生关系，从而产生一个外部世界动静的一系列因果变化。比如，你的手抬起来，你的脚迈出去，你这一拳会打到人，这一系列的因果变化和外部效果，都是一个人在某种目的的支配下产生的。

这种目的不是我们通常讲的规范层面是否值得的目的，而是现实地存在于人们身体中的一个想法，一个意图。比如你是基于打人的想法才握起拳头去攻向别人的面部，这一系列动作都是源于一个实在的追求，这就是"存在论意义上的目的"。

将因果行为论的"有意性"和目的行为论当中的"目的性"相区别，主要是为了处理不同的问题。"有意性"的概念，主要是为了把人的行为与那些没有人的意识状况的非行为的情形区别开来。如前所例，一个人站在那里，突然被另外一个人推下楼去，撞坏了其他人的财物，那么这样一个身体的外部动静和结果之间有没有因果关系呢？当然是有的，因为如果这个人没有滚下去，就不会撞到他人的财物,外部世界也不会有物理变化。但它不是行为,因为这里没有人的有意性。显然,有目的的时候,必然可以说行为是有意的;反之则未必,有意识的状况下,未必有行为目的。

问题6:“社会行为论只是简单地整合了人的行为的有意性和目的性支配吗?怎么理解这种整合和判断社会意义的关系?为什么整合为社会意义就变成了规范和价值性因素?”

社会行为的概念是出现在因果行为论和目的行为论之后的,它相对于目的行为而言,接受了把故意作为主观要素放在构成要件阶段的观点,主要强调在审查行为时,不能等到责任阶层,而要在第一阶层的时候就要考虑主观要素。另外,它又不完全以目的为中心来考虑行为,只是强调人的有意性就足够了。因此,它汲取了因果行为论当中的有意性要素,但拒绝了因果行为论把故意放在责任阶层的看法。这就是一种整合,它整合了因果行为论的“外部因果关系变动”和目的行为论的“行为必然包含主观要素”之后,又加入了社会意义的要求。也就是说,对于一个人的身体引起的外界变化和变动,要从社会一般人的角度去观察,把这个举止动作放在社会当中,看它会不会有一个重要的影响。

那可能有同学会再追问什么叫作重要的影响?这个社会意义是不是太宽泛了?的确很宽泛,这也是它备受批评的地方。但一般情况下,大概还是能够明确地说出行为的意义。比如老师在讲课的过程当中,挠了一下头发,这个行为有没有社会意义呢?没有。因为挠头的动作不会引起一个重要社会关系的变动,也不会带来不利后果或者增加有利的后果。“不重要”的判断,一定是一个有价值的主观评价,但是如果一般人都认为不重要的话,那就是在客观上不那么重要了。同样是弄一下头发,如果你拽住我的头发往下拉,那这个行为就有社会意义了,这就不是一个无所谓的、不会引起任何影响的动作。它有特定的含义,往往包含了攻击性和伤害性,甚至侮辱性的含义也能在里面体现出来。所以一个行为的社会意义,虽然不能用一个严格的标准来界定,但是当这种情形出现的时候,大致还是能判断出来的。

因此,按照社会行为论的看法,一个行为的概念中不仅要有人的有意性和外部的因果性,同时还要有它的社会意义。这种社会性既不是刚才讲的“存在论意义上的目的”,也不是客观中立的心理事实,而一定是带有价值评价的色彩，从规范论的视角来判断程度的高低。

■ 构成要件论部分

问题7："构成要件如何发挥一般预防的功能？什么是客观构成要件当中的举止特征？如何理解罪刑法定和刑法解释之间的关系？"

这几个问题具有关联性，所以我整合在一起解释一下。在三阶层犯罪论当中，构成要件作为独立的第一个阶层，它的出现意味着现代犯罪论体系的成立。我们通常会把各个国家在刑法典分则条文当中规定的各种犯罪的罪状，理解成一个犯罪行为成立条件或者说主要特征的集合。比如抢劫罪的条文规定"以暴力、胁迫或者其他方法抢劫公私财物"，这就意味着抢劫罪的成立，客观上需要具备暴力或者胁迫手段，以及被害人被迫交付财物等特征，同时要求行为人主观上是具有非法占有对方财物的目的，所有这些特征的有机组合，就形成抢劫罪的构成要件。这些特征要么是由立法者直接在分则条文当中写出来的，比如"暴力或者胁迫"，要么是虽然没有在条文当中明确地写出来，但是由司法者通过对条文的解释分析而得出来的，比如"因果关系"或"非法占有目的"。

因此，对构成要件的检验，就是对一个行为是否符合刑法规定的检验，对罪刑法定原则是否得到遵循的检验。从一个法官和裁判者的角度来讲，要严格遵循罪刑法定，不能随便给人定罪，比如在定抢劫罪的时候，要看行为是不是符合抢劫罪构成要件的特征，而不能单凭法官自己的个人好恶。在这个意义上，构成要件就和罪刑法定原则连接在一起，而且连接的过程中离不开刑法解释，对于立法者没有写出来的很多隐性或者不成文的要素，要通过解释使它显现出来。这就是裁判规范的意义。此外，对于一个公民来说，自己的行为是否涉嫌犯罪，也要在简单地知道犯罪特征是什么之后，才有可能去有效避免，这个时候的犯罪预防和犯罪率降低也才有可能。所以构成要件这个阶段是指引公民如何去行为，让他们知道哪些该做、哪些不该做，为他们提供一个标准和标尺，从而起到一般预防的效果。这就是行为规范的意义。

问题8："因果关系在很多犯罪的罪状中都没有写明，但是在考虑客观构成要件时又必须要考虑因果关系，这该怎么理解？"

从刑法分则的条文表述来看，有些条文当中明确显示了因果关系的存在，比如说“致使国家遭受重大损失”,“引起重大危害后果”之类的,这明显就是一个表明因果关系的文字陈述方式。可是还有些刑法分则的条文,它没有这种专门规定因果关系的字眼,但只要它是一个结果犯,就仍然要处理因果关系的问题,行为和结果之间的因果关系就一定要在客观构成要件当中加以检验,尽管这个时候的因果关系不是以文字的显性方式表示出来。当然,对于另外一些行为犯,它没有一个结果的要求,所以这个时候就不需要再检验因果关系。

问题9:“被告人实施危险行为之后,介入了有义务防止危险现实化的第三者的行为,如果第三者能够防止但没有防止危险,理论上只认定第三者的行为与结果之间存在因果关系,但是为什么在这种场合就不考虑被告人造成的危险呢?类似地,甲怀着杀害乙的目的去伤害乙,但乙并没有死,只是送去医院的途中被车撞死。在这种情况下,如果没有甲的施暴,乙就不会去医院,也就不会被撞死,那为什么不能归责给甲呢?”

这其实是我们在客观归责部分讲的一个问题,就是要区分归因和归责,在这里简要回顾。归因是判断案例中甲的行为和乙的死亡之间是否存在“若无前者必无后者”的因果链条,而归责是指即使条件说意义上的因果链条能够成立,也还要看具体的死亡结果(如在送往医院的路上被车撞死)是不是行为人之前用刀砍人的杀人行为当中所包含的致人死亡风险的现实化。因为甲的砍人行为当中只包含着使人被刀具砍死的风险,而不能说包含着一般性的在交通事故中被车撞死的风险。按照凯恩斯的说法,从长远来看人都是要死的,只不过是早死晚死而已,所以不能一般性地考虑抽象的死亡结果,而要放在具体情境当中去考察。这个案子中,虽然可以肯定砍人行为和死亡结果之间的因果关系,但是不能把被车撞死的结果算在甲的头上,在有杀人故意的情况下,只能认定为故意杀人未遂。

那么与之相应,有同学问到的“如果中间的第三人是一个有义务阻止但没阻止的人,还能不能对前面的人归责”,其实是一个不作为的问题,“有阻止义务的第三人”在刑法上是一个保证人,在某些情况下保证人的不作为在法律上和一般人的积极作为是等价的。所以当有救助义务的医生故意不去救助伤者,放任他死亡的时候,就和一个在路上故意开车撞死伤者的人一样,都是杀人,前者是不作为的杀人,后者是作为的杀人。因此,如果在送去医院的路上被人撞死,死亡结果要归给那个肇事者,不能再归责给前面一开始用刀想杀死乙的甲；同样地，不是被车撞死，而是因为医生故意不救，那这个时候也要归责给医生的不救治，而不能再归责给最开始的持刀杀人者甲。当因果流程被第三人的介入截断的时候，无论它是以作为还是以不作为的方式呈现出来，后面的结果都要算在那个介入者的身上。

问题 10："'危险没有实现'、'不允许性风险没有实现'以及'不符合规范保护目的'有什么区别？如果区别不大，是否没有区分的必要？"

在客观归责领域里的确有很多概念和术语，听起来比较复杂。一般来说，客观归责本身有三个审查规则。第一步是审查有没有创设超越"允许风险的界限"的危险，比如一个人正常地走路，没有违反任何注意义务，当然也没有创设风险的问题。第二步就是审查创设的危险有没有实现。这通常有几种情况，第一种情况是行为人创设了一个危险，但是这个危险没有实现，相应的例子就是杀人未遂，被害人住进医院，因医院着火被烧死，或者杀人未遂，在送医院途中被其他车辆撞死，这就属于是行为人创设了一个杀人的危险，但最后被害人的死亡不是因为前面的杀人行为，而是因为火灾或者车祸直接造成的，也就是行为人创设的危险没有在特定的结果当中现实化，也就是"危险没有实现"，因而排除其杀人既遂的责任。

第二种情况就是，"不允许性风险"没有实现的时候，排除归责。有一些行为在客观层面的确创设了某种危险，而且这个危险也现实化了，但是在法律规范层面，为了预防这类危险而设定的注意规范的边界，在这个具体的案件当中没有发挥作用。突破这个注意规范的边界，就意味着进入"不被允许的风险"。之所以不被允许或者说之所以设定这样的注意义务，是因为人们认为，通常情况下只要越过了这个边界，就会出现那个危险；只要遵守规范，不越过这个边界，就一定不会出现那个危险。在预防危险的意义上，我们说这个边界是有效的。但是，如果无论是否越过这个边界，都无法阻碍那个危险的实现，那么这个边界就是没有效果的。

举个例子，《权力的游戏》里面讲了一座长城，它是用来抵御异鬼的侵入，我们可以把这座长城称为一个规范的边界，生活在长城里面就是安全的，出去的话就会被异鬼杀死。现在如果有一个人从长城里面出去了，创设了一个危险，但发现长城原来已经千疮百孔，根本对异鬼起不了作用，也就是说异鬼早就混进了长城，甚至里面比外面还多。就说明长城这个规范在这种场合下是没有用的,你出去也是死,不出去也是死,所以当初为了抵御这种想象中的危险而设立起来的那个规范的边界,那个所谓不允许风险的边界,就是无效的,也就不能再把结果归责给你。

在德国山羊毛案中,即使工厂主对羊毛消毒,但是按照当时的技术水平,羊毛上的细菌也排除不掉。这和前面讲的"危险没有实现的"杀人未遂案并不一样,虽然最后的结论都是不把结果归责给行为人,但是不归责的理由是不一样的,要注意区分这两种不同的情况。区分它们的意义何在?就在于如果不说清楚这一点,那最后要不要归责可能就不一定了,人们也可能不会轻易地接受结论。在德国山羊毛案中,如果不说清楚规范对阻碍危险是无效的(就像在《权力的游戏》中长城已经形同虚设无法阻止异鬼),那么人们可能就会认为,既然行为人确实没有遵守消毒要求,最后也出现了人被细菌感染死亡的结果,责任当然要归责于行为人。

此外,所谓"不符合注意规范保护目的",并不是说这个规范本身的问题,而是个案当中出现的情形,并不是当初立法者制定这个注意规范时想要预防的那种危险。例如,马路上一前一后两辆车夜间行驶,都没有开车前灯,结果前面的汽车与其他车辆相撞。从道路交通规范来讲,要求夜间驾驶要开车前灯,没有开灯就是违反了规范,而如果后面的汽车开灯的话,也会照亮到前面汽车的道路,就会避免结果的发生。那能不能把前面车辆的事故结果归责给没有开灯的后面的汽车司机呢?不能。因为立法者让驾驶者夜间开车前灯,并不是为了让人们做一个无私的照亮他人世界的人,不是为了让前面的车辆看清路,而是让司机注意自己和其他车辆保持距离,避免发生交通事故。因此,尽管从因果关系上来说,如果后车开灯能避免前车的事故,但不能把前车的事故结果归结于后车。虽然说后车没有开灯的确违反了"夜间行驶开灯"的规范要求,但是本案的情形,并不符合这个规范制定时所要保护的目的范围,因此不能对后车归责。

问题 11:"有的观点认为,实行行为是侵犯法益的危险性达到紧迫程度的行为。按这个标准,减少对被害人已存在的危险的行为就不属于实行行为,不必进入因果关系的判断。但把这种情况放在客观归责下讨论,是不是不认可这种观点,还是有其他考虑?"

这是一个很好的问题,涉及不同的理论体系的一个重大差异。提问所列的观点是受到日本刑法理论的影响，在日本刑法理论中，今天的主流学说相对排斥客观归责理论。这里有一个背景，就是日本刑法学比较早地继受德国刑法理论的时候，客观归责理论在德国还没有产生重大的影响，当时在因果关系中占主流地位的理论，主要还是条件说或者相当因果关系说。在晚近几十年当中，客观归责理论逐渐取代条件说和相当因果关系说成为德国学界的主流学说，但是此时，日本已经不再全面跟随德国的理论，而且强调要走出日本刑法学自己的道路，更多的是从判例当中汲取新的营养，从而形成了一些新的观点或者表述。

德国客观归责理论当中所处理的那些问题，比如说哪些情形不应该归责，在日本也同样需要理论去解释，只是使用了与客观归责不同的概念。因此，日本与德国在很多问题的处理结论上大体相当，区别主要在于说理的角度和路径。毕竟法学是一门关于人的学问，日本也好，德国也好，中国也好，处理的都是人和人之间的纠纷，有经验和情感的共通性，虽然有时候要不要追究责任会受到国家民族时代差异的影响，但当处理共通性的问题时，使用不同的理论去解释都是可以的。

把制造危险的问题，放在实行行为概念下面，否定行为的实行性，这是一种解释方式，反之，把它们放在客观归责下面去处理，也没有太大问题。大家只要了解到它是不同理论体系的不同处理方式，涉及行为以及因果关系的不同体系安排就可以了，这只是思维原点的差异问题。

问题 12："怎么理解构成要件的效力范围？为什么参与他人故意的自危行为就不在构成要件的效力范围之内了？自我答责和被害人同意的区别是什么？"

构成要件的效力范围，也可以把它理解成"刑法规范的保护目的"。"刑法规范的保护目的"是刑法构成要件条文的保护目的，比如杀人罪、盗窃罪、抢劫罪的构成要件的保护对象是什么，这跟前面讲的"注意规范的保护目的"并不一样。后者强调的不是刑法规范，而是社会生活当中每个人都要小心谨慎的注意规范，比如在夜间开车时要把车灯打开，或者在阳台上摆弄花盆时要注意别掉下去等，不开灯本身并不是一项刑法罪名，也没有一个掉花盆罪，它们只是各个领域当中要求人们注意的一些规范要求而已。

我们通常讲的"构成要件的效力范围"，它是为了保护个人免受外界和他人的伤害，当一个人自杀、自危或者自残的时候，就不再处于构成要件的效力保护范围了，因为构成要件不是用来防止自己危害自己，而是防止外界和他人的伤害。自己危害自己，是个人意志自由的选择，比如某人自己吸毒，去攀登悬崖，这个时候即使用一个刑法罪名去介入，不仅没有意义，而且可能会受到“刑法强制干预个人意志自由”的指责。

因此，很多国家都不会把一些冒险行为认定为犯罪，毕竟当事人自己愿意。即使在这个过程中其他人对当事人产生了影响，但如果这个风险始终是由当事人自己去掌控，他自己也愿意进入这个风险里面的话，这就是一个自陷风险的行为，由他自我答责。刑法不是为了防止一个人去自我答责和自我实现，而是为了防止其他人违反这个人的意愿去伤害他，所以当这些行为都是符合他自己的意愿，应该由他自我答责的时候，当然就超出了刑法构成要件的保护范围。

一个人能够自我答责，对结果承担责任，前提就是他能够自由决定。而被害人同意是一种具体的刑法上的出罪事由，它背后的原理是，由于一个人能够自我决定，所以对他自己同意的事情，基于对他的自由的尊重，刑法就不再去追究。在这一点上，被害人同意的背后原理是自我决定，所以与自陷风险和被害人同意相比，自我答责是一个更上位的思想，不可以在一个层次上横向比较。

问题 13：“怎么认识客观归责没有把主观要素完全排除出去这一问题？这是否会影响对客观归责的采用？”

客观归责通常是要求在不考虑主观要素的情形下，仅从客观层面就可以判断结果能否归属于行为。这需要判断者从社会一般人的视角出发，看待行为人的行为是否制造并实现了法不允许的风险。既然行为人也是社会中的一员，那么只要一般人能够认识到行为风险的话，行为人也同样应当认识到。因为，每个人都在一般人之中，个别的行为人与社会一般人分享同样的风险认知，因此只要客观判断就可以了。但在个别场合下，当行为人具备的风险认知与社会一般人不同的时候，就要单独地考虑这些特殊认知。比如，对于坐飞机的风险，一般人是有认知的，知道飞机出事故的概率很小，可是如果你知道有人在飞机上面放置了一颗定时炸弹，或者你知道飞机的某一个设备出了问题，在飞行当中就会发生故障，那么你就比一般人多了一层特殊的风险认知。在这种情形下,你如果让你的同学乘坐这架飞机去旅游,就和一般人劝你同学出去旅游的性质不一样了。根据客观归责理论,对于这种情况不仅要考虑一般人,还要考虑行为人的特殊认知,作为判断是否创设了风险的依据。

客观归责理论的反对者认为在这种情况下,其实已经不是完全客观的判断了,"一般人假想"都是抽象的客观的,可是该理论又考虑了行为人主观上的特殊认识,所以客观归责里面就多了一根主观之"刺",使客观归责的说法不再完美。

问题 14:"主观方面的判断是以社会正常理性人(普遍大众)的认知为准,还是要从行为人的事中视角去判断呢?构成要件阶层的主观(故意、过失)和责任阶层主观有何区别?车老师主张构成要件阶层就有主观故意和过失,这和有的学者主张把故意过失放入责任阶层的做法有什么差异,会带来哪些影响?"

我们在判断完客观要件之后,再去判断主观要件中有没有故意的时候,当然要从行为人的事中视角去判断了。我们说行为人创设了一个危险,但他到底是不是故意去创设那个危险的呢?比如,从阳台上把花盆碰掉,砸死了下面的人,这在一般人看来都是一个危险,但他是故意杀人,还是过失致人死亡,这当然要看他当时脑子当中有没有故意去做的想法,这是一个个别化的特殊认知判断。

至于故意的体系性地位,涉及两种不同的犯罪论体系。把故意放在责任阶段是古典犯罪论体系的观点。古典犯罪论体系也是第一个犯罪论体系的模型,一百多年前被提出。而把故意放在构成要件阶段去考虑,是差不多距今有七八十年前提出的一种犯罪论体系,它出现之后,在德国迅速地成为代替前者的主流学说,一直延续到今天。在日本,有比较多的学者仍然坚持古典犯罪论体系,把故意放在了责任的阶段,而我所讲的三阶层比较多地受德国刑法理论的影响。这两种体系可能会在偶然防卫等一些特殊问题上存在不同的认识,但在大多数案件的处理结论上面没有什么重大的不同。

问题 15:"对行为无价值论与结果无价值论,应当把握到什么程度?两者在不同理论中有哪些区别,应当如何选择?"

行为无价值论和结果无价值论的争议,主要存在于日本刑法学当中,近年来在中国刑法学界一些留日的学者当中也形成了论争。主要受到日本刑法理论影响的学者,会用比较大的精力和篇幅去处理这个问题。不同的是,像在德国这样的国家,讨论这一主题的学者已经很少了。通说认为构成要件同时包括行为无价值与结果无价值,而一个犯罪当中的不法内容,既要有主观的不法,也要有客观的不法。

大家在看书的时候,会发现有的学者的教科书是典型的结果无价值论,有的则是行为无价值论。其中主要是受到了日本学界的影响。日本学界比较强调师承,所以在选择体系的时候,往往都是跟从老师。结果无价值论也好,行为无价值论也好,只是基本立场和逻辑起点不同而已,并不是什么重大对错的区分。

至于说它们之间有什么具体差异,经常会举到的例子就是,在偶然防卫的场合能否成立正当防卫?因为这涉及是否需要一个主观不法意图的要素的问题,如果成立构成要件需要主观的不法内容,那么在违法性阶段也只有同时排除掉主观不法,才能成立正当防卫,因此偶然防卫不成立正当防卫。但如果说在构成要件里面不需要主观的不法要素,那么正当防卫的成立也就不需要有防卫目的了,所以偶然防卫的场合也能成立正当防卫。

问题16:"被害人同意是否存在于构成要件阶层?和被害人承诺有什么区别?被害人同意的具体权利界限如何把握?为什么得同意杀人不能阻却违法性?有的学者认为同意存在于被害人内心即可,但是车老师的观点却认为要表达于外,该怎么理解呢?会有什么实际的影响?"

被害人同意分为构成要件阶段的合意与违法性阶段的承诺。这个是二元论和一元论之争,属于学理性的学术争论。得同意杀人的违法性难以排除,主要是基于生命权的至高地位这一点,在刑事政策上为了避免出现死无对证、没有办法查证死者生前是否存在同意的情形而形成的一种考量。比如,关于一个孤寡老人的遗产继承问题,如果行为人主张自己是得到老人同意后才把他杀死的,是老人自己身患重病不想活了,但是这个同意是否存在,已经死无对证,证据上难以证明,在事实上很难把控。因此,索性在规范层面从一开始就反对这类得同意杀人的行为。

关于同意表示的问题。如果说同意只要存在于被害人的内心即可,就意味着,只要权利人内心同意,即使他人不知道,同意也能成立。比如,一个女性内心想,这个男子对我的侵犯,我是同意的,虽然没有表露出来。对这种情形,有的学者认为自始不成立强奸罪,即使这个男子就是有强奸意图。这个观点实际上代表了结果无价值论的立场,认为决定不法的要素里面只要有结果就可以了,不需要考虑行为人的主观因素。所以,一个女性的性的自我决定权,在她自己愿意的时候,当然就没有所谓的结果的损害了,因此行为人无罪。但是按照我的观点,同意的意思必须要表露出来。即使从结果来看,女性内心完全自愿甚至期待,她的性自由没有受到损害,但是,如果行为人不知道该女性是同意的,对于那个行为人而言,他的行为暴露出来的主观上的不法仍然是存在的,因为他就是想要违反女性的意愿去实施强奸,所以行为人仍然构成强奸罪。只不过由于损害性自由的结果被女性内心的同意正当化了,没有出现性损害而只构成强奸罪的未遂。由此,也可以看出结果无价值论与行为无价值论在具体问题上的差异。

问题 17:"在性同意的问题上,应当如何把握威胁的内容对构成犯罪的影响?例如,以下情形是否有区别:老板要求和职员发生性关系,否则不予升迁;老板要求和职员发生性关系,否则解雇。"

如果是以实施某一违法犯罪行为相威胁,这构成敲诈勒索或者强奸罪,通常不会有疑问。比如,威胁对方说如果不同意就砍死或者放火烧全家,这构成相应的强奸罪(索要性)或者敲诈勒索罪(索要财产)。但是,当威胁的内容是合法的时候,就要在具体个案当中去判断。通常会认为,如果行为人提出的交换要求,是给予一个更好的机会或者条件,比如,在没有必须的、强制性升迁规定的情况下,行为人有给被害人升迁的权力,可以升迁也可以不升迁,如果是这种情况下行为人提出用升迁来做性交换,那这就不是强制性的性犯罪,而是双方一拍即合了,对方为了升迁的机会让自己做了一个牺牲,这个时候也就不会再评价为一个强奸罪中的恶害了。

但是,以解雇相威胁的时候,能不能被当作恶害呢?比如经济萧条,公司马上就要大规模地裁员,李四本来也在裁员范围之内,但是总经理张三对她说,"我可以不解雇你,但是要与你发生性关系",这个时候其实也是一种交换。相反,如果说这种解雇违反了相关的公司规定,或者是没有任何缘由地要把一个人解雇,违反了劳动合同,这个时候用不解雇相威胁来换取发生性关系的话,就有可能构成强奸。之所以说是"有可能",是因为还要具体地去判断,如威胁给对方造成的强制程度,当时这份工作对被害人的重要性,行为人解雇的理由等,这些都要综合地考虑,没有一个统一的标准。

问题 18:"怎么理解'正当防卫并非对不法侵害行为的制裁,而是针对不法侵害所采取的法益保护手段,故不能像制裁犯罪与其他一般违法行为那样,要求正当防卫所针对的不法侵害同时具备有责性'这句话,为什么可以不要求有责性?"

这个问题的实质是,为什么可以对未满 14 周岁的儿童进行防卫?为什么在构成犯罪的时候要求儿童必须年满 14 周岁,但是在不法侵害的场合,却可以对不满 14 周岁的儿童进行防卫呢?这里涉及能否对无责任能力者进行防卫的问题,对此存在争议。主流意见的回答是肯定的,但也有的学者认为,对儿童不能进行防卫,只可以进行紧急避险。

我认为可以对无刑事责任能力者进行防卫。这首先意味着,无责任能力者实施的行为同样是一个不法侵害。通常,当行为人未满 14 周岁的时候,把刑罚加到他身上无法起到责难、谴责和教育改造的效果,因此他的行为不构成犯罪。这是从国家和刑罚的视角来考虑问题。但是,在正当防卫的场合,面对的问题是不一样的,它审视的是一个人面对外部的侵害,能不能够为了保全自己而去进行反击。这里不是从国家和刑罚的视角,而是从个人保全和私力行使的视角去考虑问题。就此而言,正当防卫下的反击者不像国家刑罚权的执行者那样,在对一个人施加刑罚时需要考虑对方的责任年龄。

对于不法侵害当中"不法"的理解,是否要求必须具备责任能力这一点,理论上是有争议的。多数意见认为,存在一个可以和责任相分离的不法,同时在不法当中又要求有主观的要素。当然在今天,这个主流意见其实是两面受敌的。一种看法认为,把不法理解成纯粹客观的,责任是纯粹主观的传统观点,这样的区分更彻底。反映在犯罪论体系中,就是古典犯罪论体系,同时也可以称作结果无价值论的犯罪论体系。相应地,由构成要件符合性和违法性组成的"不法",当然也就不包括主观不法要素了。国内一些学者如张明楷教授、黎宏教授就是结果无价值论的典型代表。

还有一种批评意见认为,对于不法和责任,不能做这样的位阶前后的划分。因为当我们谈不法禁令的时候,同时也是在告诉公民这个行为是错误的,但是只有对于有责任能力的人,不法禁令才是有效的;对于一个没有责任能力的人，法/不法的呼吁和警告到达不了他那里，他没有办法接收到规范的呼吁。因此在认定不法的时候，不可能不考虑这个人有没有能力接收到法的呼吁以及承受相应的惩罚，只有知法而犯法者才有可能承担责任。

上述两种观点我都不太赞同。我认为还是要承认在不法和责任之间做一个划分，而且是一个进阶式的划分，如果没有前者的话就不必再判断后者；或者说，先判断行为的对错，再追究行为人的责任。只不过在不法和责任的二分里面，又有各种不同的观点，比较典型的争议是，这种二分的不法里面是要纯客观地判断，还是要把主客观都包括在里面。对此我也赞成"人的不法"的观念，即不法判断中不可能脱离开人的主观因素。

大家一定要整体地把握犯罪论体系，不要零碎地看待问题，而要把问题都装到体系里面来处理。比如，在不法里面主客观要素要放在什么位置上，责任能力、违法性认识是在什么位置上，正当防卫是在什么位置上，等等。大家在学习时，需要了解到有不同的犯罪论体系就可以了，而不要把它们想象成一个亘古不变的真理。过些年，现在主流的犯罪论体系也可能就过时了，可能会有新的体系出来。所以，至少在一段时间内要动态地把握这些内容。我也一直反复强调要以"不法和责任"为纲，或者"构成要件、违法和责任"这三阶为纲。如果大家在提出问题之前，把体系想清楚了，那么很多问题的回答，是能够自然推导出来的。比如，对于针对正当防卫中不法侵害的问题，大家也可以自己作出回答。如果认为不法和责任是没有办法区分的，那么正当防卫中的不法侵害，也必须是由具有责任能力、能够接受法的呼吁和处罚的人来实施，而儿童没有责任能力，就不能把他的行为评价成不法侵害，也就不符合正当防卫的条件，而只能进行紧急避险。反之，如果按照不法和责任区分的观点，就会认为尽管儿童没有达到刑事责任年龄，但却不妨碍对他进行规范的指引。比如，对于幼儿园里的小朋友，老师可以告诉他说："坐在这个地方不要动，要上厕所的话可以往那边走上楼，到中午了大家要过来吃饭，放学了大家可以去门口找家长"等，对这些指令，儿童也有接收的能力和意识，所以仍然可以对他们发出规范的呼吁。但是，如果是一个刚出生的婴儿，那他可能什么都接收不到，对于这部分人群就要把他排除在不法侵害人之外了。这些结论，在同学们对体系反复琢磨之后，自己也可以推出来。

如果按照不法应当纯粹是客观的体系要求，一条狗也可以构成不法侵害，因此可以对物防卫。很多结果无价值论的主张者，都认为不法当中不需要审查主观,所以在这种场合下,一条无主的野狗造成的损害也叫不法侵害,只不过到责任阶段,因为没有故意和责任能力而不追究责任,但是由于具备了不法侵害,所以可以对这条野狗正当防卫。但是如果按照我的观点,在这种情况下不能对野狗进行正当防卫,因为它不是一个不法侵害的制造者,它没法接收规范的呼吁。不法当中是应当包括主观要素的,但是狗的主观要素在哪呢?怎么去查证?这都没有办法。自从威尔泽尔提出目的行为论之后,人们开始考虑不法当中也要有主观构成要件,也就是说人的行为和一只狗叼着东西跑下来,虽然都是一个外部因果动作,但是人的动作是在意志支配下进行的。行为是专属于人的,狗的动作不能叫作行为,所以不法的理解必须要围绕着人的不法来展开,既包括人的外部动作,也包括人的主观意识。而之前的古典犯罪论体系当中,所谓的不法不是"人的不法",它只是一个客观上的有危害结果出现的不法。

回顾了这段体系发展之后,很多问题都可以放在体系当中去理解。不要僵硬地记录老师的观点,而是要回到这个背景当中,尽量站得高一点,想得深一点,以不变的基本原理和方法论来应万变,然后基于你自己的理解作出回答。不要把问题的焦点仅仅停留在对物防卫上,一直在这个层面上绕来绕去,其实不过是逻辑的小技巧,意义并不大,因为你能说出对物防卫的理由,别人也能按照说出对物避险的道理。比如,主张对物防卫的学者认为,与避险相比,正当防卫的条件宽松,更容易成立,这对公民来说是最好的优惠。如果说,对人的攻击可以防卫,而面对狗的攻击却不能防卫,而只能适用条件更为严格的避险,只能先跑,这是没有道理的。这个论述乍看起来是有说服力的,但实际上也可以反驳说,紧急避险的要求虽然严苛,但它一般是指在面对来自人的或者其他外界的危险时,在同等条件下如果能跑就不要去避险。可是,当疯狗来追咬的时候,几乎所有人的反击都是不得已的,因为没有几个人能跑过疯狗,所以当然也就很容易会符合紧急避险的条件,也就不存在对物防卫主张者所说的那种对人不利的情况。

问题19:"犯罪着手和正当防卫开始时点的区别?什么情况下能够防卫不作为的不法侵害?如果要求不作为'必须是刑法上可罚的行为',是否和正当防卫所面临的'不法侵害未必是犯罪行为'这一观点相矛盾?"

犯罪行为的着手时点和既遂时点,是有非常明确和严格的区分。但是,判断正当防卫当中不法侵害开始和结束的时点,只是会把着手或者既遂的那些因素作为参考因素,但并不是严格按照着手的标准或者既遂的标准来认定一个不法侵害行为的开始和结束。

之所以如此,是因为刑法上讲的构成要件行为是犯罪成立与否时候的判断对象,是为了让法官能够有一个比较稳定的裁判标准,实际上是从活生生的社会生活事件当中人工截取的一段。比如,如果现在有一个喝多了酒的张三,他突然闯进教室,并且在进来之后坐到某个位置上,之后跟其他人发生了言语冲突,也在整个过程当中起了杀意。在其他人推波助澜之下,双方打了起来,最后当另外一个人上来拉架的时候,张三拔出刀来,这个人就被张三给杀死了。回顾整个事件,就像看电影一样,这是生活过程当中的一部分,它从张三一开始进到这个屋子的时候,这个事件就开始了,但从一个规范的视角来看,当我们讲到杀人行为的着手,那就是在他最后拔刀,准备刺向最后那个拉架人的时候,才是杀人罪的着手。这是截取了生活当中的一个片段,这种截取是人工的、非自然的,是为了满足定罪量刑的需要,它并不是生活事件本身。

但是,在认定正当防卫的场合,又有不同的判断基准。它需要判断公民面对一个猝不及防的外界侵害,什么时候可以开始对这个侵害进行反击,什么时候又不能再进行防卫。这和判断构成要件行为的思考目的和主要效果是不一样的,因为防卫者更多的是面对一个被还原为生活事件的不法侵害,只要这个侵害行为没有根据,是不法的,那么就可以对其防卫。在当时的紧急状态下,公民对法益侵害急迫性的判断不可能是足够客观的,所以也就不可能对一个普通公民在判断不法侵害的始末点时,提出像法官判断构成要件行为的始末点那样的要求。

不作为通常要求达到和作为相当的程度,刑事立法和理论上对于不作为往往会有一些额外的要求,不是每一个刑法罪名中都可以对应出相应的不作为犯罪。除了那些法条明确规定了必须履行具体作为义务的纯正不作为犯之外,其他法条当中的犯罪行为的表现形式通常是以作为方式呈现的,比如抢劫罪的法条规定就是用积极的外部作为方式来实现犯罪的。在不作为的认定上,即使行为人是一个具有保证人地位的人,也要看他的不作为达到了什么程度。通常举的例子就是,一个母亲不给婴儿喂奶,想饿死孩子,这是典型的不作为杀人。如果一个母亲直接拿刀捅死这个婴儿,因为有着手,所以很容易认定为杀人,但是如果她现在坐在那里不动,表示自己就是想把孩子饿死,那么是从这个母亲坐在那儿说出这句话的时候就已经进入着手阶段,已经是不作为杀人的开始,还是要等到这个小孩最后奄奄一息或者不给喂的时候,才算是不作为杀人的着手?

这在理论上是有争议的。有观点认为,从行为人一开始表露出违反义务的时刻开始,他就已经进入不作为的状态,从打算不给孩子喂奶的第一时间开始就是不作为的着手了。也有观点认为,要等到最后的时间,也就是如果再不去喂养则这个小孩必定要死亡的那一刻,才算是开始着手。还有观点认为,按照一般的着手标准去认定,不需要专门为不作为设定第一时间或者最后时间,只要在客观上对法益造成了急迫危险的时候,就是着手的开始。但是,如果行为人离开现场或者袖手旁观,结果的出现是一个自然而然延展的结论,那么这个时点也可以认定为着手。比如,一般不给小孩喂奶,可能要经过几天小孩才会被饿死,但是,如果行为人在说完"不给孩子喂奶,就想把他饿死"这句话之后,就拿起行李包出门准备出去旅游一个月,并且把门窗反锁的话,这就意味着若没有其他因素的介入,后面的死亡是一个自然而然会出现的结果,所以当行为人拿起行李包离开房间的时候,就可以认定为着手的时间。

前面讲到,正当防卫中不法侵害的开始时点,并不要求与构成要件行为的着手时点相一致。一般来说,在作为犯的场合,不法侵害的开始时点,也就是可以防卫的时点,被允许比着手时点更提前一些。这里的判断标准是侵害行为对防卫人权益的侵犯紧急程度,如果要求防卫人要再继续等待下去达到着手时点才能防卫的话,可能防卫人就没有防卫机会了。那么同样地,这个判断标准也适用于不作为犯。在不作为犯的场合,如果采取第一时间理论,即从行为人打算违反义务不作为的时刻就认定着手的话,那么通常情况下,此时虽然已经着手,但不作为对法益的侵害紧急程度往往尚未达到"再不防卫就没有机会"这样的程度,而是还要比这个着手时点更往后一些,才有主张正当防卫的余地。如果采用最后时间理论,即再不有所作为的话,损害结果就随即出现,此时肯定可以采取防卫手段,甚至还没有达到这个标准下的着手时点,提前防卫也是可以的,而相应地,被评价为"不法侵害"的不作为,由于尚未着手,所以还不能算是犯罪行为。

问题20："在挑唆防卫的情况下，如果行为人不是故意挑唆的话，还能否进行防卫？自己招致危险就是放弃了自己的法益吗？是否还有成立正当防卫的可能？"

关于挑唆防卫能否成立正当防卫，这是刑法总论当中的重要争点之一，始终有多种不同观点，它们的理由和结论都不太一样。第一种观点认为，即使因为挑唆行为引起了对方进行不法侵害，挑唆者仍然可以进行正当防卫，只要挑唆行为没有达到不法侵害的程度就可以了。比如，只是嘲讽、羞辱或者小动作刺激一下，只要这些行为还没有达到不法侵害的程度，那么对方的反击就是一个没有法律根据的不法侵害，所以就应当允许针对不法侵害进行正当防卫。第二种观点认为，如果是通过挑衅来引起对方的攻击，然后想再针对他的攻击进行防卫，这实际上是滥用了法律赋予的正当防卫权。正当防卫权的本意是在国家来不及救助的紧急状况下，给予公民一个反击的权利来帮助个人逃脱困境，而不是一个能够被利用的去合法伤害他人的武器。因此挑唆防卫不成立正当防卫。第三种观点认为，正当防卫针对的是一个猝不及防的、正在发生的不法侵害，当一个人主动去挑衅对方的时候，其实对于会遭受对方攻击是有一定的风险预知的，所以也就意味着挑唆者在一定程度上已经放弃了自己面对攻击的防卫权利，在这个时候正当防卫权也就不应该再赋予。第四种观点认为，要区分故意的挑唆和过失的挑唆，对于故意设计激怒对方，想要借助反击伤害对方的故意挑唆，行为人是丧失防卫权的，而对于没有尽到注意义务、过失地刺激到对方的行为，还是能够肯定正当防卫权的。

问题21："为了防止小偷偷西瓜而设置电网，最后电死小偷的，是成立防卫过当还是不构成正当防卫？"

在防止小偷偷西瓜而设置电网最后电死小偷的这件事情上，很重要的一点就是设置电网者有没有尽到对于危险的告知义务。因为这种危险超出了通常为保卫一个西瓜所需要对方付出的代价的界限。一个西瓜只有几块钱，而偷几块钱一般是不会被打死的，所以这已经超出了通常情况下不法侵害人能够自我答责的前提，超出了他所预料到的风险边界。在这种情况下，在没有明确告知风险的情况下设置电网电死偷西瓜的人，自始不成立正当防卫。这就是微财杀人。

不过，如果设置电网者完全尽到了对于危险的告知义务，而且是比较明确地不会让对方产生误解的告知,但对方还是在明知有这样的危险的情况下,进入这个场所,那么就存在成立正当防卫的空间。但是仍然需要在防卫是否过当的层面来考虑问题。虽然有防卫权,但在防卫的限度方面要考虑利益衡量。我个人是比较倾向于,当别人在偷你的西瓜,你告诉了对方"快点下来,再不下来我就开枪打你了",但是对方仍然不下来,而且开枪是你保护财产的唯一手段的时候,也不是不可以成立正当防卫,只是开枪后造成的死伤后果,可能要成立防卫过当。

在这个地方,"是否成立正当防卫"和"成立正当防卫之后是否过当",是两个不同的问题。在判断是否有权防卫的时候,因为防卫的一个基础是侵害人一方能够自我答责,对风险有大致的预知,所以如果防卫手段完全超乎了一般人处在侵害人的位置上所能想象到的最大限度的防卫手段的话,那可能就自始不能成立正当防卫。例如,如果我只是拿了你一支笔,你就用板砖把我拍死,这就完全超出了我能预想到的遭受反击的最大限度,这就不是防卫过当,而是自始不成立正当防卫了。相反,在可以防卫的前提下,进一步判断防卫是否过当,则需要考虑到整个法秩序当中还有利益衡量的因素,考虑到对犯罪的认定有量的因素等,这是在成立防卫权之后的第二个层次的问题。

■ 有责性部分

问题22:"如果行为人不知道入室抢劫会加重刑罚,那么能否对入室抢劫的行为适用违法性认识错误?"

通常而言,不要求行为人对刑罚的严厉程度有具体的认识,只要认识到自己的行为可能构成犯罪就可以了。但是,我国《刑法》对犯罪的起点进行了规定,比如有些犯罪是3000元构成"数额较大"的犯罪起点,达到10万元的话可能就是"数额巨大",50万元的话就是"数额特别巨大"了。如果行为人对偷窃的财物的价值是10万元还是50万元有一个错误认识,这不会影响到犯罪的成立,具体的量刑的尺度由法官来掌握就可以了。但是,如果是对犯罪的起点有错误认识的话,还能否阻却犯罪就比较复杂了。

国外刑法通常没有数额起点的要求,行为人只要知道自己是在偷东西就足够了,就构成盗窃罪了。但是我国《刑法》只有偷东西达到一定数额才构成盗窃罪。以往出现的案例,比如在天价葡萄案中,偷葡萄吃的民工没想到那个葡萄是实验室用来研究的品种,价值好几十万元。当时对于该案如何处理争议很大,出现了非常大的麻烦和困扰,因为从客观上看这个数额已经特别巨大了,但是在情理上对这个民工判定十年以上有期徒刑,又是明显不合适的。综合考虑,一个妥当的处理方式可能就是,看行为人能不能认识到偷的这些葡萄的价值,已经达到了入罪起点3000元左右,因为这个民工不仅是吃了几串,还偷了几麻袋扛回去,所以就看这些葡萄的数量按照普通葡萄来计算,加起来的数额能不能达到入罪的起点就可以了,对此就可以按照盗窃罪的基本刑来认定。但是,如果他只吃了一粒葡萄,即使这一粒葡萄客观上价值3000元,但这种情况就已经超出了一般人的认知,表明他对犯罪起点的认知并不具备,那么就要排除犯罪的成立。

■ 小结

最后,我来简单回应下一些共性的问题,比如"在犯罪论体系上,车老师的三阶层框架似乎和有些教科书中讲的不一样,希望老师再简要总结一下三阶层和四要件体系的区别,不知道三阶层和四要件哪个体系更为主流。""有些观点认为,实际中只要出罪就行,无论在哪个阶层出罪都一样,那么学习和掌握体系的意义何在呢?""不同的教材有不同的理论观点,在考试当中要对理论观点论证到什么程度呢?""车老师的观点跟其他老师的观点在很多地方都不一样,应该怎么对待这种差异?""我们学习的理论,比如三阶层、客观归责、违法性认识,是否和当今司法实践主流存在较大偏差,如何面对这种情况?"等。

在给大家讲课的时候,大家可能会感觉到有不同的体系、不同的观点和不同的问题处理方式。通常而言,本科是打基础的阶段,掌握基本概念,形成一个比较稳定的知识体系,然后才在硕士研究生阶段培养提出问题的能力,博士研究生阶段来解决问题。但是,从我自己这些年的教学以及和同学们接触的情况来看,我感觉这个理念原则上对的,也要做些调整。

我们传统的法学教育方法培养出来的很多本科生,没有很强的问题意识,对法学理论没有很强的好奇心。学术研究的开始一定是基于问题意识。尤其是法学这门学科,跟其他学科并不一样,它处理的很多问题都是动态的,不仅面对的是千变万化的动态事实,而且我们所依据的法条本身也都是动态的,在实际刑事审判当中,依据的不仅是刑法典的四百多个条文,还有在这四百多个条文之下的、成百上千的司法解释和司法文件，它们每年都在动态的变化之中。所以当我们面对活生生的案件的时候，重要的是建立起一个“武器库”，这个武器库可以为我们在解决问题时提供多样化的方案。

在本科这个阶段，大家不要去特别思考学术理论跟实践会不会有比较大的差距，而是要练好基本功。就像学武术的人每天要不停地练习扎马步这些基本功一样。虽然平时在下面练的基本功跟上场实战打人相比肯定会有不一样，但并不能因为这个不同就反过来说不需要练基本功，不能把它就理解成理论和实践的脱节。

本文所讲的这些知识就是一些基本功，但在讲基本功的时候，我不会阐释严丝合缝的那种状态。法学基本功的掌握，最好的状态就是动态地掌握，就是对你所面对的每个问题都能想到大概有几种解决方案。大家在学习的时候，要克服以往高中学习的时候对于确定性的追求，要能够维持住对每个问题的回答都可能有几套不同的方案的心态，这样同学们将来当法官、律师或者检察官的时候，才可以从自己的工具箱中挑选合适的方案来解决。虽然这种状态一开始处理起来可能会很难受，大家会感觉似乎每个问题都没想清楚，但这其实也是一种难得的状态，大家提出的问题都会促使你有对问题持续研究的兴趣和动力，你才会去大量阅读，甚至将来在本科阶段就可以写出有理论性的论文。

大家对于一个问题，在掌握好基本原理的同时，也不要满足于完全记住它的标准答案，或者是记住老师提供的那个方案，你一定要想到对于这个问题有不同的处理方式，也一定要习惯这样的一种思维方式。这样有助于让你在本科阶段就打下一个比较动态和灵活的基础，然后去容纳外面变化着的生活事实和千变万化的法律材料。那么对于有些知识点，你即使没有了解到，也不用很焦急，这些都不太重要，当你想知道的时候，去翻翻看看，自然也就知道了，大家一定要抱着这种心态去学习。

▣ 阅读指引

▢ 教材及学术著作

1. 陈兴良：《规范刑法学》（第2版），中国人民大学出版社2018年版。

以“罪体—罪责—罪量”为阶层框架，简明易懂，适用于刑法入门。

2. 张明楷:《刑法学》(第6版),法律出版社2021年版。

以“违法—责任”为阶层框架,容量较大,适用于刑法进阶。

3. 周光权:《刑法总论》(第4版),中国人民大学出版社2021年版。

以“客观要件、主观要件、排除要件”为阶层框架,更加偏近实务。

4. 高铭暄、马克昌:《刑法学》(第9版),北京大学出版社2019年版。

1949年之后普及程度和影响力最大的教科书之一,代表了以“四要件”犯罪构成理论为核心的传统刑法学的通说框架。

5. 车浩:《阶层犯罪论的构造》,法律出版社2017年版。

多重视角勾勒阶层犯罪论的中国命运,为进入刑法知识转型的核心地带和理论争鸣现场提供向导。

6. [德]乌尔斯·金德霍伊泽尔:《刑法总论教科书》(第6版),蔡桂生译,北京大学出版社2015年版。

内容精当,论理扼要,显示了德国刑法学者思辨特色的规范论教科书。

7. [日]西田典之:《日本刑法总论》,王昭武、刘明祥译,法律出版社2013年版。

逻辑顺畅,简明易晓,快速了解当代日本刑法总论全貌的首选。

工具资料书

1. 李立众编:《刑法一本通》(第15版),法律出版社2021年版(法条工具书)。

2. 何帆编著:《刑法注释书》(第2版),中国民主法制出版社2021年版(法条工具书)。

3. 最高人民法院刑事审判第一、二、三、四、五庭主办:《刑事审判参考》(法律出版社连续出版物)。

4. 最高人民检察院第一、二、三、四检察厅主办:《刑事检察工作指导》(中国检察出版社连续出版物)。

网站和微信公众号

1. 中国法律评论、法学学术前沿。

这两个是法律类综合性微信公众号,推送法学界的重要资讯、论文和评论。

2. 刑事法判解、刑事法评论。

这两个是依托北大主办的连续出版物《刑事法判解》设立的微信公众号,主要推送各类刑事法学术信息和文章。

北大法学进阶

刑法分论的思维方法与难点解析

王华伟

关于作者

王华伟

北京大学法学院助理教授，硕士生导师。北京大学刑法学博士、博士后研究人员，德国弗莱堡大学（马克斯·普朗克刑法研究所）博士。主要研究方向为网络犯罪、信息刑法、刑法教义学、中国刑法学、比较刑法学。

在北京大学法学院讲授以下课程：（1）本科生必修课：刑法分论；（2）本科生选修课：刑事执行法、刑法案例研习；（3）研究生必修课：刑法总论、刑法分论、刑事执行法、电子商务监管专题；（4）通识课：犯罪通论。

本文是我针对刑法分论课程学习中同学们提出的问题,将主要问题勾勒出大致的轮廓,并在以下分为十个问题逐一讲解。

在正式开始之前,我想首先从本科阶段同学在分论学习方法论上的困惑入手。同学普遍提出一个疑惑:“学说争议太多了,我该怎么办?”即在学习和答题的过程中遇到诸多理论学说,需要对这些学说掌握到什么程度的问题;以及如何处理外国学说和我国通说的关系?关于为什么要介绍诸多学说的原因,我个人的观点如下。首先,学说争议的价值不仅仅在于知道观点本身,而且是通过争议使大家意识到很多刑法问题并不存在绝对的标准答案,争议背后是不同的分析视角和价值选择。这既是不同视角的碰撞,也是最终的成熟方案得出的必经过程。我认为,恰恰是这种多元性的协商和沟通,促使刑事法治走向理性与成熟。所以,选择不同分析视角,充分进行说理论证,妥当作出价值判断,锻炼解释法律的能力,才是本课程的基本教学目标,也是大家最终的学习目标。那么,放弃传统的某一种有力学说的单纯背诵模式,的确提高了对大家的学习要求,实际上是要求同学们进行“概念分析 + 有效说理 + 价值判断”。但是,在未来人工智能介入法律领域后,同学们的优势在于能够妥当解释法律、作出一定的价值判断,这是不会被机器替代的特有素养。对此,我给大家提出四个务实的学习建议:第一,理解核心争议问题点,例如,在张三想要拿枪射击李四,恰巧李四也在拿枪瞄准王五的案例模型中,提炼出“偶然防卫”的争议,是为第一要务——“切题”。第二,在把握问题的基础上,至少掌握通说和有力学说。第三,在掌握这些观点的过程中不是单纯死记硬背地掌握,而是体系性推导和理解。这就要求进一步理解观点背后的基本价值构造和刑法立场。第四,希望同学们在充分分析说理的基础上给出自己选择的结论。

■ 刑民关系

首先是同学们提出的第一个问题:“缓和违法一元论中,民法上认为合法的行为,在刑法上不认为是违法的吗?”

这是一个涉及刑民关系,或曰法秩序统一原理的问题,虽然是刑法总论的内容,但是关切到许多分论罪名的判断。关于刑民关系的学说大体存在以下三种理论:(1)二元论者认为刑法和民法相互对立、完全分离,这种学说会导致规范体系冲突,而且会造成民众的无所适从、不知如何遵守法律。另外,刑法对民法上的术语和分析路径仍存在一定的依赖,从"错误汇款案"的处理上可以看出二元论的不合理,例如,张三给李四汇款时错误汇入王五的账户,王五此时拥有对银行的完全合法合理的债权,因此,在刑法上不宜认为其取款行为是针对银行的盗窃。(2)绝对的一元论者认为刑法作为最后手段应当完全从属于前置法,但这种学说是难以贯彻的。因为不同的法律规范存在不同的规范目标,刑法很难完全从属于民法。例如,刑法和民法对占有概念的理解便存在较大差异。(3)缓和的一元论是相对合理的,持该种观点的论者认为行为在民法、行政法等第一次法领域合法,则不应在作为第二次法的刑法领域构成违法。反之,在民法、行政法等第一阶法领域违法,在刑法领域未必一定违法(可能违法也可能不违法)。

■ 未遂的结果加重犯

同学提出的第二个问题:"请讲解未遂的结果加重犯的相关问题,尤其是区分学说认为不构成未遂的结果加重犯,应当如何惩罚?"

结果加重犯的问题引发了同学们的困惑,但是作为非常重要的问题需要进一步细致讲解。根据结果加重犯未遂问题在德国刑法学界的讨论情况,大致存在的两种不同情形。第一种情况,如果故意实施的基础犯既遂,而加重结果没有完成,这被称为结果加重的未遂(versuchte Erfolgsqualifizierung)。例如,在"轮奸未遂"的场合,虽然共同犯罪人没有都强奸得逞,但是理论上普遍认为,可以按照强奸罪加重犯(10年以上有期徒刑、无期徒刑或死刑)的未遂来进行处理,这是没有争议的。真正有争议的是第二种情况,即如果在基础犯已经着手、但未遂的情况下,加重结果反而已经实现了,这被称为未遂的结果加重犯(erfolgsqualifizierter Versuch)。例如,强奸行为已经着手实施没有得逞,但造成妇女重伤或死亡,这种情形是否要按照强奸致人重伤、死亡的未遂来处理则存在争议。

因此,我们具体分析第二种情况能否像第一种情况那样处罚,这是争论聚焦的重点。总体来说,德国刑法学界对此存在三种观点:第一,结果危险性学说(结论倾向于否定说)。该说认为,结果加重犯的处罚依赖于基础犯的结果所具有的特殊危险性，如果基础犯的结果没有实现，那么结果加重犯的处罚基础就不存在。第二，行为危险性学说（结论倾向于肯定说）。该说认为，加重结果的危险已经典型性地存在于基础故意行为之中了，这种危险的实现也必须被处罚。第三，就是大家纠结的区分学说（折中说）。该说认为，是否构成未遂的结果加重犯，取决于每个具体结果加重犯的构成要件构造，如果加重后果只能在基础结果之上进一步发展，那么在基础犯罪未遂时，加重后果的实现也不能构成未遂的结果加重犯。在故意伤害致人死亡的例子中，存在伤害和死亡两个有程度性区分的结果，理论上将之界定为“存在进一步发展的关系”。那么，当故意伤害致人死亡实施的过程中，伤害后果都没有出现过（故意伤害行为都是一个未遂的情况），死亡这样一个加重结果就没有成立的基础。按照这样一种理解，如果故意伤害行为未遂而导致了死亡结果发生，就不能构成故意伤害致人死亡的未遂。反过来，如果基础结果和加重结果并没有进一步发展的关系，则二者是相互独立的。例如强奸致人死亡中，被剥夺性自决权和死亡后果之间没有必然联系，即被奸淫不必然关联死亡结果。此时，即使基础犯罪结果没有出现（奸淫未得逞），加重结果仍然存在成立的基础，按照故意强奸致人死亡的未遂处理。

按照上述第三种区分学说，分析逻辑可以总结为两条路径：（1）如果基础结果和加重结果没有依赖性——构成未遂的结果加重犯。例如，死亡结果对强奸结果没有依赖性，故着手实施强奸时，奸淫未得逞而导致死亡结果发生，按照强奸致人死亡的未遂来处理。（2）如果基础结果和加重结果存在依赖性——不构成未遂的结果加重犯。例如，死亡结果对伤害结果具有依赖性，故着手实施伤害行为时，伤害未得逞而导致死亡结果发生的，不按照故意伤害致人死亡的未遂来处理。

在讲授完毕这些基础理论之后，同学们继续追问“在上述情况中，如果不按照未遂的结果加重犯来处理，那怎么处理呢？”对此，我个人的观点是成立基础犯的未遂和加重结果既遂的想象竞合，从一重罪论处。理由是，在上述例子中只存在一个伤害行为，所以符合一个行为触犯两个罪的想象竞合关系，按故意伤害的未遂和过失致人死亡的想象竞合来处理。

■ 竞合论

同学们提出的第三个问题：“关于想象竞合和法条竞合的区别不是特别明

白，请老师讲解。”这其实是一个反映同学们学习中遇到的共性问题，涉及刑法分则的解释原理和法条之间的关系，需要我们从以下两个方面来解决。

□ 法条竞合的内涵

法条竞合是指规定不同罪名的数个法条，因其规定的构成要件在内容上具有从属关系或交叉关系，当适用于某一行为时，只适用其中某一法条而排斥其他法条适用的情形。法条之间是“表面上的竞合”，法条相互排斥适用。因为，事实上只存在一个符合犯罪构成的行为，最终也只需要适用一个罪名（或法条）。法条竞合类型有以下几种类型：

1. 独立竞合。独立竞合是指一个罪名的外延包含另一个罪名的外延，在两罪名之间形成种属关系的情形，即普通法与特别法的关系，如以下几个类型：(1)诈骗罪与集资诈骗罪、票据诈骗罪、金融凭证诈骗罪、信用证诈骗罪、信用卡诈骗罪、保险诈骗罪、合同诈骗罪等。(2)以危险方法危害公共安全罪与放火罪、决水罪、爆炸罪、投放危险物质罪。合同诈骗是一种特殊的诈骗，放火、爆炸、决水是一种特殊的危害公共安全的具体方法。对此，处理原则是特别法优于普通法，但也有例外情况下择一重罪处罚。例如，《刑法》第 149 条第 2 款规定：“生产、销售本节第一百四十一条至第一百四十八条所列产品，构成各该条规定的犯罪，同时又构成本节第一百四十条规定之罪的，依照处罚较重的规定定罪处罚。”这是一个例外的规定，因为在“生产销售伪劣商品”这一节犯罪中，包含了很多特殊的商品，如假药、劣药等。通常符合特殊规定的犯罪行为，似乎应当直接适用生产、销售假药或劣药罪，但是由于第 149 条的特殊规定，这些行为要按照刑罚更重的条文来处罚，这时就有适用一般性规定即第 140 条“生产销售伪劣产品罪”的可能性。

2. 包容竞合。包容竞合是指一个罪名是另外一个罪名的组成部分，在两罪名之间形成部分法与整体法关系的情形。被包容在整体法罪名中的部分法罪名丧失了独立存在的意义，是整体法的组成内容。如以下几个类型：(1)非法拘禁罪与强迫劳动罪；(2)故意杀人罪与抢劫罪；(3)故意杀人罪、故意伤害罪与绑架罪。(《刑法》第 239 条第 2 款规定：“犯前款罪，杀害被绑架人的，或者故意伤害被绑架人，致人重伤、死亡的，处无期徒刑或者死刑，并处没收财产。”)对此，处理原则是整体法优于部分法。这里的抢劫罪作为一个整体，可以包括对于“杀人这一部分”的评价，同理绑架的规定也是可以作为整体法来评价其行为中“撕票(故意杀人)”的部分。

3. 交互竞合。交互竞合存在的争议最大,是指两个地位平等的罪名的构成要件存在部分重叠的情况。当事实行为落入两罪的重叠区间时,既符合此罪的构成又符合彼罪的构成,于是就存在选择法条适用的问题,由此交互竞合也被称为择一竞合。这种情形既不属于前面的从属关系,也不属于包容关系,如《刑法》第266条诈骗罪与第279条招摇撞骗罪——招摇撞骗罪的构成条件是冒充国家机关工作人员招摇撞骗,行为人可以是骗取财物,也可以是“骗色”或者获取一些非法利益。如果行为人冒充国家机关工作人员骗取财物,那么该行为就同时构成了诈骗罪和招摇撞骗罪。对此,传统观点认为按照重法优于轻法或从一重罪论处。但是,在行为人触犯的这两个罪的情形中,该行为不仅有对财产权益的损害,还对国家机关工作人员的形象造成了侵害,所以两罪保护的法益不具有同一性。现在越来越多的观点认为,应该将交互竞合作为想象竞合类型,因为一方面我们重视想象竞合的明示机能,而另一方面适用法条竞合则排斥了其他法条适用,无法实现行为的全面评价。

□ 想象竞合的内涵

想象竞合是指一个行为触犯数个罪名,侵犯数个法益,择一重罪处断的情形,是“真正的竞合”。例如,行为人开一枪导致一人死亡、一人重伤,一个开枪行为同时触犯了故意杀人罪与过失致人重伤两个罪名;盗窃珍贵文物的一部分,造成珍贵文物毁损的,同时触犯了盗窃罪与故意损坏文物罪;盗窃电力设备,导致电力设备破坏,因而危害公共安全,同时触犯了盗窃罪与破坏电力设备罪。想象竞合的处理原则是在列明所有触犯罪名的基础上,择一重罪论处。在上面的第一个例子中,显然故意杀人的处罚比过失致人重伤要重,所以最后将行为人按照故意杀人罪来定罪处罚。但是,如果仅仅如此,还没有把想象竞合的主要的特征完全表达出来。想象竞合还有一个很重要的、区别于法条竞合的特征是明示机能。“明示”是指行为的全部不法要素必须明确地展示出来,在起诉书和判决中要说明所触犯的所有罪名,这样才能对行为形成一个完整的评价,从而与法条竞合最终只适用一个罪名而相互区别。想象竞合的明示机能有助于发挥刑法规范指引作用,全面实现刑法法益保护的机能。

注意规定与拟制规定

同学们在学习非法拘禁罪的时候,遇到了这样一个问题:“《刑法》第 238 条规定的非法拘禁罪使用暴力致人伤残、死亡的,依照第 234 条、第 232 条的规定定罪处罚,属于注意规定还是拟制规定?刑法中注意规定与拟制规定的界限其实并不清晰,部分情况下是否需要结合效果进行教义学解释予以厘清?”

这个问题的复杂性,一部分成因是语义具有一定的模糊性,存在不同的可能解释的方向,而立法者不可能详细阐明所有细节,也无法规避所有可能产生争议的表述。对此的解决办法有两种:

第一,如果表述相对清楚的,应当直接按照规定处理。如《刑法》第 196 条规定,盗窃信用卡并使用的,依照第 264 条盗窃罪的规定定罪处罚。尽管拿着一个盗窃来的信用卡到柜台上去使用,存在欺骗银行工作人员的行为,从理论上来说可能解释为诈骗。但是,法条已经明确规定了只要是盗窃信用卡并使用的,不管怎么使用,都应当按照盗窃罪来定罪。这种情况就是拟制规定。

第二,如果表述模棱两可的,应当运用刑法法理来引导解释方向,避免出现不当解释结论。如《刑法》第 238 条第 2 款规定,非法拘禁并使用暴力致人伤残、死亡的,依照第 234 条、第 232 条的规定定罪处罚。如果理解为拟制规定,则行为人在非法拘禁的过程中,使用了一定暴力,但是对伤残和死亡后果仅仅是过失,也应认定为故意伤害罪或故意杀人罪。如果在非法拘禁过程中,产生了杀人故意,并实施杀人行为的,应以非法拘禁罪和故意杀人罪数罪并罚。也有部分观点认为该规定属于注意规定,这种观点意味着,在非法拘禁的基础上,又实施故意伤害或故意杀人行为的,才能按照故意伤害罪或故意杀人罪定罪处罚。两种解释方案都有一定道理,从中选取更为合理的一种解释即可。我个人倾向于理解为拟制规定的方案,因为这样的方案相对于注意规定的理解来说,不会出现处罚失衡的现象。

过失致人死亡与故意伤害致人死亡

有同学提出这样的问题:“如何区分过失杀人与故意伤害致人死亡?”

这个问题并不复杂,因此我简单地回答。两罪的共同点是都存在最终死亡结果,以及对死亡结果的过失心态。同学们在学习时主要把握两罪的如下区分要点:第一,是否存在伤害行为。故意伤害致人死亡的客观构成要件包括:故意伤害行为和过失引发死亡结果。第二,对伤害行为进行实质判断。并非只要有殴打、推搡等行为样态,就属于伤害,还应当根据风险创设等规则进行实质判断。第三,对伤害行为是否持故意心态。

■ 非法拘禁罪与绑架罪的适用

非法拘禁罪与绑架罪涉及了很多难点,我们选取以下三个重点内容进行讲解。

□ 绑架罪的法益与主观违法要素

同学提出的问题是:“绑架罪的重要构成要件之一是‘利用被绑架人的近亲属或者其他人对被绑架人安危的忧虑’,但是绑架罪的法益在于‘被绑架人在本来生活状态下的行动自由以及身体安全’,那么为什么只要发生损害人身自由与安全的结果,并不需要提出勒索财物的要求就成立绑架既遂呢?”

对于这个问题,我认为答案在于绑架罪本身的行为结构——短缩的二行为犯。目的犯有两种,一种是断绝的结果犯,另一种就是本罪这样的短缩的二行为犯。断绝的结果犯,是指只要客观的构成要件实现了,行为人的主观目的就自然而然地伴随实现了。比如说贷款诈骗,只要诈骗成功,非法占有目的便伴随实现。而短缩的二行为犯是实施了构成要件行为,还不能直接实现目的,需要通过其他构成要件以外的客观行为才能最终实现目的。例如,走私淫秽物品需要实现传播或谋利目的。当走私行为完成的时候,通常“传播”或者“牟利”的目的还没有实现,需要通过之后实施一些构成要件以外的客观行为才能实现。因此,这种主观的目的就叫作“主观的超过要素”。而绑架罪中“利用被绑架人的近亲属或者其他人对被绑架人安危的忧虑”也是这样,属于主观的超过要素,不要求有与之对应的客观事实或行为。所以,是否存在提出勒赎的客观行为,不直接影响本罪法益(被绑架者的行动自由与身体安全)被侵害。即使不提出勒赎,构成要件所规定的主客观构成条件都已经被符合,因而既遂。

□ 非法拘禁罪的加重构成要件

有同学对以下观点表示困惑:“在拘禁行为之外使用了暴力,但不是该暴力行为致人死亡，而是拘禁行为本身致人死亡的，也应适用《刑法》第 238 条第 2 款前段的规定，以非法拘禁罪的结果加重犯论处，同时适用‘具有殴打……情节的，从重处罚’的规定。那么，这是否属于在同一个罪中同时触犯两个结果加重情节？具体应该如何量刑？”

非法拘禁罪具有多重的加重结构：(1)基础犯，其中殴打、侮辱只是从重(在同一个刑罚幅度内从重)，而非加重情节；(2)非法拘禁 + 过失致人重伤；(3)非法拘禁 + 过失致人死亡；(4)非法拘禁 + 使用暴力 + 致人伤残、死亡，转化为故意伤害或者故意杀人罪。此处“使用暴力致人伤残、死亡”，应当要求暴力行为与伤残、死亡结果之间具有因果关系。所以，如果只是单纯同时存在“暴力行为”和“伤害、死亡结果”，则应适用第 2 款第 1 句和第 1 款第 2 句的规定，即“非法拘禁致人重伤”和“非法拘禁致人死亡”。如果仅仅使用了暴力，但不是因为暴力而导致了对方的伤残死亡，就不能评价为上述第四种情况。因此，对于上述同学提出的问题，应当评价为非法拘禁致人死亡，并且同时具有殴打情节，所以存在一个加重情节和一个从重情节，而非同时触犯两个结果加重情节。

□ 绑架罪的刑事责任年龄

有同学对如下观点存有疑问：“15 周岁的人绑架并使用暴力致人死亡，其没有杀人故意也没有伤害故意，却可以通过将绑架评价为非法拘禁，按照故意杀人罪论处。这种观点的理由是什么？为何不能直接认定为绑架导致死亡的情节加重犯？为什么要按照故意杀人罪论处呢？”

根据《刑法》第 239 条规定的绑架罪和第 238 条规定的非法拘禁罪的法条规定，我们可以从以下视角进行分析。

第一，非法拘禁行为和绑架行为存在一定的包容关系，二者都对被害人进行强行控制，因此在客观行为上，绑架行为可能被评价为拘禁行为。所以，15 周岁的人绑架被害人，完全可以被评价为是一个 15 周岁的人非法拘禁被害人，这是第一个前提。

第二，《刑法》第 239 条第 2 款的规定是“杀害被绑架人”，可以包容故意杀人，但无法包容过失致人死亡。所以并不存在“绑架(过失)致人死亡”的加重情节。

第三，即使最终的结论是犯绑架罪，但是行为人只有 15 周岁，绑架并非已满 14 周岁不满 16 周岁主体承担相对刑事责任的 8 种行为类型之一。

第四,上述观点实际上是将客观的绑架行为评价为非法拘禁行为,同时适用《刑法》第 238 条第 2 款第 2 句,即“使用暴力致人死亡的,依照故意杀人罪定罪处罚”,从而将该行为转化为故意杀人行为。这里还涉及一个判断,即《刑法》第 238 条第 2 款中的“犯前款罪”,是指同时符合构成要件该当性、违法性、有责性,还是只要符合构成要件该当性和违法性就已足够?如果采取后一种理解,那么在本案中,15 周岁的人实施的上述行为就可以认定为故意杀人。

■ 拐卖妇女、儿童罪与收买被拐卖的妇女、儿童罪的适用

□ 拐卖妇女、儿童罪的主观构成要件要素

同学提出的问题是:“请问拐卖妇女儿童罪和收买被拐卖妇女儿童罪之中的‘收买行为’有何不同?”

虽然两个罪名的构成要件中都有“收买”二字,但是两者是有差别的。其主要差异在于主观构成要件要素——以出卖为目的。拐卖妇女、儿童是指以出卖为目的,拐骗、绑架、收买、贩卖、接送、中转妇女或儿童。此处作为六种行为之一的“收买”,以具有出卖目的作为前提。而收买被拐卖的妇女、儿童罪中的收买,仅指买入的行为,没有以出卖为目的。

另外,《刑法》第 241 条第 5 款规定,收买被拐卖的妇女、儿童又出卖的,依照本法第 240 条拐卖妇女、儿童罪的规定定罪处罚。在这里,本质上存在两个行为,《刑法》特别规定,后一拐卖行为吸收了前一收买行为,较多观点认为性质上属于拟制规定。

□ 拐卖妇女、儿童罪的加重构成要件

有同学提问:“拐卖妇女儿童并奸淫妇女儿童的,仍然按照拐卖妇女儿童罪处罚,虽然加重构成要件里有奸淫被拐卖妇女,但是奸淫儿童似乎应该是更重的罪,在这种情况下奸淫被拐卖妇女和奸淫被拐卖儿童会有量刑上的程度分别吗?”

拐卖妇女、儿童罪有八种加重的构成条件,其中一种是“奸淫被拐卖的妇女”,即先拐卖再强奸,但是不再单独认定为强奸罪,而只作为拐卖的加重情节来评价。同学提出的问题是“拐卖并奸淫儿童”如何处理,但是这一问题需要

区分不同情况来讨论。

按照我国《刑法》的规定,男性儿童不能成为强奸罪的适格对象,幼女才有被奸淫的可能。所以真正的问题在于,拐卖了幼女后又奸淫被拐卖的幼女,能否被评价为“奸淫被拐卖的妇女”?第一种观点将妇女扩张解释成所有女性(包括幼女)。1994 年最高人民法院《关于对拐卖、绑架妇女(幼女)过程中又奸淫被害人的行为应当如何定罪问题的批复》(已失效)便有体现,其指出:对被告人在拐卖妇女(幼女)过程中,奸淫被拐卖的妇女(幼女)的,应当依照全国人民代表大会常务委员会《关于严惩拐卖、绑架妇女、儿童的犯罪分子的决定》第 1 条第 1 款第 3 项的规定定罪处罚。第二种观点主张,此种情形应按照拐卖儿童罪和强奸罪数罪并罚。我个人倾向于认为,妇女和幼女毕竟是两个概念,不能突破文义解释的边界,如果存在拐卖幼女并奸淫幼女的情形的,应按拐卖儿童罪和强奸罪数罪并罚。另外,对拐卖男性儿童并猥亵男性儿童的,应按照拐卖儿童罪和猥亵儿童罪数罪并罚。

■ 强奸罪的适用

□ 奸淫幼女

同学提出问题:“如果明知对方是幼女,但对方(幼女)是自愿的,也按照强奸论从重处理?”

的确如此,这是因为不论幼女是否自愿,都属于奸淫幼女,都应从重。幼女的同意,不属于刑法上有效的性同意。但是,量刑上可以适度考虑行为人和幼女年龄相差不大等因素。

□ 强奸共犯的处罚

同学提出的第二个问题是:“强奸罪的女性共犯如何处罚?”

我国《刑法》规定了两种不同的共犯分类方法:其一,按照分工分类法,女性有可能构成强奸罪的间接正犯、共同正犯、帮助犯、教唆犯,唯独不可能构成单独正犯。其二,按照作用分类法,主犯、从犯、胁从犯都有可能构成。对于从犯,应当从轻、减轻处罚或者免除处罚;对于被胁迫参加犯罪的,应当按照他的犯罪情节减轻处罚或者免除处罚。所以,强奸罪的女性共犯如何处罚,首先在定罪的环节予以考察,然后在量刑的环节按照行为人发挥的实际作用来进行判断。

□ 基础构成要件与加重构成要件的关系

有同学提出,“轮奸中一人既遂一人未遂的情况,张明楷老师为何认为构成强奸既遂与轮奸未遂的想象竞合?轮奸是强奸的加重条款还是单独一罪?”

此问题涉及强奸罪的基础构成要件和加重构成要件的关系。前面提到法条竞合的定义,是指一个行为触犯两个罪名或两个法条。如果把基础犯和加重犯看成两个相对独立的法条,那么强奸和轮奸可以构成一般法条与特殊法条的关系,两者保护的也是同一法益。张明楷教授基于某些量刑妥当的考虑,认为属于轮奸未遂和强奸既遂的想象竞合,这是可能的一种理解。我个人倾向于认为,在这种情形下按照轮奸未遂处罚即可。按照轮奸未遂和强奸既遂的想象竞合来处理,反而有重复评价的疑虑。

■ 财产犯罪的认定

财产犯罪的相关问题主要包括以下三个具体方面。

□ 财产法益

有同学提出问题:“理论上认为,如果采用本权说来理解财产法益,会导致私力救济泛滥,为什么会如此呢?”

按照本权说,只要行为人对财物具有本权,无论采取何种方式恢复财产都不构成财产犯罪。比如,行为人的机动车被扣押在交通管理局的院子里,交管人员的扣押是合法的扣押,因为行为人无证驾驶。这个时候,车辆的所有权还是属于行为人。如果采取本权说,只要行为人对财物具有本权,无论他用什么方式把机动车取回,都不构成财产犯罪,显然这样的理解就会导致私力救济泛滥的局面。

□ 占有的认定

同学对于占有的认定提出下列疑问:“占有概念中的事实性与规范性在认定占有时是否存在优先级?如何理解刑法和民法上的占有呢?二者之间具有什么关系?”

我们认为,占有的事实性和规范性何种占优,很难一概而论,宜结合具体情形具体判断。尽管通常认为二者共同发挥作用,理论上也不乏观点认为规范性是决定性的。刑法占有中的“规范性”,并非仅指“民法规范”意义上的规范性。刑法上的占有和民法上的占有不是包含与被包含的关系,而是思考方式的不同、视角的不同,也很难简单评价两者的范围大小。在德国刑法中,刑法的占有和民法的占有本身使用的就不是一个概念,因此也有学者把刑法中的占有称为“持有”,以此与民法上的占有进行区分。刑法中占有的“规范性”,宜理解为与“事实性”相对的“评价性”。而在进行评价的时候,需要考虑很多因素,其中也可能会包含民事法中的一些判断。例如,甲虽常年旅居国外,但在刑法上,甲位于国内的一间房屋仍属于甲占有。这里的规范性判断在于,我们在观念上将这种占有评价为归属于甲。在我们评价的过程中,甲在民法上对房屋享有所有权的判断也可能发挥一定影响。

□ 抢劫行为

同学提出如下问题:“强迫卖血侵犯了健康权,强迫他人卖血或直接抢血为什么构成抢劫罪,而不是故意伤害罪呢?”

强迫卖血的行为,根据《刑法》第 333 条的规定,可能构成强迫卖血罪。只要措施得当,强迫卖血不一定会造成伤害结果。所以,强迫卖血只要没有带来附带性伤害的,不能认定故意伤害罪。

但是,如果在强迫卖血的过程中确实造成了被害人的身体伤害,这个时候怎么处理?这个问题需要我们要仔细来分析。《刑法》第 333 条第 2 款规定:有前款行为,对他人造成伤害的,依照《刑法》第 234 条的规定定罪处罚。这一条款到底属于注意规定还是拟制规定?理论上较多的观点似乎将其理解为拟制规定。但是个人倾向于将其理解为注意性规定。因为强迫卖血的处罚比较重,强迫他人卖血不管有没有伤害都判处 5 年以上 10 年以下有期徒刑并处罚金,而故意伤害造成轻伤后果的,通常处 3 年以下有期徒刑、拘役或管制。按照拟制规定的理解,如果强迫他人卖血,并且造成他人轻伤的后果,只按照故意伤害(轻伤)来处罚,显然量刑失衡。所以,我更倾向于将其理解为注意规定,即强迫卖血造成他人伤害的,也可以构成故意伤害罪,但是应当按照强迫卖血罪和故意伤害罪的想象竞合来处理。

强迫他人卖血,并强行占有所得款物的,可能构成抢劫罪。对此,最高人民法院研究室在《关于对非法占有强迫他人卖血所得款物案件如何定性问题的意见函》中指出：被告人以非法占有为目的，强迫被害人卖血后占有卖血所得款物的行为，构成抢劫罪；其间实施的非法剥夺被害人人身自由的行为，应作为抢劫罪从重处罚酌情节予以考虑。

■ 交通肇事罪中逃逸的认定

很多同学提出如下问题："如何理解交通肇事罪中'逃逸'的内涵？"

我国《刑法》将逃逸规定为交通肇事的加重处罚情节。关于"逃逸"的含义，其实有很大的争议，大体存在两种不同的理解。

一种观点认为，"逃逸"是指为逃避法律追究而逃跑，支撑性论据来自2000年最高人民法院《关于审理交通肇事刑事案件具体应用法律问题的解释》第3条的规定。该条明确指出："交通运输肇事后逃逸"，是指行为人在发生交通事故后，为逃避法律追究而逃跑的行为。这种理解的缺点在于把动机要素纳入进来，由此可能推导出不合理的结论。例如，甲开车追杀乙，途中发生交通事故将丙撞成重伤，但是甲想先追杀完乙再回来救助丙，等甲再次回到肇事现场丙已经死亡。此时甲并没有逃避法律追究的主观动机，但是不认定为逃逸明显不妥。而且，从立法设置的初衷来看，一个行为人单纯为了逃避法律责任而逃跑，似乎不会提升整个行为的应罚性，绝大多数犯罪也没有这样的立法设置。逃逸之所以提升行为的应罚性，主要还是由于不救助行为会导致被害人状况的进一步恶化。

因此，现在更多的学者支持第二种观点，即认为"逃逸"的内涵是指不救助被害人。不救助行为，恶化了被害人的身体法益状况，构成加重处罚的一项实质性理由。但是，如果行为人在交通肇事后待在原地没有逃离，对被害人也不进行任何救助，是否认定构成交通肇事后逃逸？又或者，行为人在交通肇事后履行了救助义务，然后再逃离，是否构成交通肇事后逃逸？在这一问题的解释中，还是应当考虑"逃逸"概念的语义边界。对此，周光权教授认为目的解释应当受到文意解释的限制。逃逸一词，无论如何理解，都意味着行为人必须和肇事现场之间存在一定的空间距离。

按照我个人的理解，我倾向于一种折中的认定。在本质上讲，逃逸应当是指不救助被害人，但是如果行为人发生了交通肇事以后不跑也不救的情形，由于没有逃离现场,不应评价为“逃逸”。但是,在交通肇事后,如果行为人先把被害人送到医院,甚至把医药费都予以缴纳,然后再逃离,这种情况不宜再认定为交通肇事的“逃逸”情形,因为事实上行为人采取了一系列的救助措施,他没有进一步恶化被害人人身法益的状况,所以不应当对其进行加重处罚。

▣ 阅读指引

◻ 基础书目

1. 陈兴良:《规范刑法学》(下卷),中国人民大学出版社 2017 年版。

   对我国刑法分则进行了规范性的研究和系统性的阐述。

2. 高铭暄、马克昌主编:《刑法学》(第 9 版),北京大学出版社、高等教育出版社 2019 年版。

   我国传统刑法理论的集大成之作。

3. 车浩:《车浩的刑法题》(第 1 卷),北京大学出版社 2016 年版;《车浩的刑法题》(第 2 卷),北京大学出版社 2021 年版。

   生动而有趣地展示了如何按照阶层犯罪论体系进行案例分析。

4. 李立众主编:《刑法一本通》,法律出版社 2021 年版。

   按照法条顺序,妥当地整理了重要的司法解释等规范。

◻ 进阶书目

1. 陈兴良:《判例刑法学》(下卷),中国人民大学出版社 2017 年版。

   以诸多典型案例为样本,深入介绍和分析了判例背后的刑法原理与学术争议。

2. 梁根林:《刑事法网:扩张与限缩》,法律出版社 2005 年版。

   从犯罪化与非犯罪化的角度,结合我国刑事政策实践,对诸多刑法个罪现象进行了深入分析。

3. 张明楷:《刑法学》(下)(第 6 版),法律出版社 2021 年版。

   对刑法分则罪名的适用进行了非常全面、细致、独到的阐述。

4. 周光权:《刑法各论》(第 4 版),中国人民大学出版社 2021 年版。

   结合我国刑事司法实践和比较法视角,对刑法分论问题进行了详略得当而富有创见的阐述。

◻ 拓展书目

1. 高铭暄:《中华人民共和国刑法的孕育诞生和完善发展》,北京大学出版社 2012 年版。

   对我国刑法的立法过程与立法理由进行了权威性的介绍。

2. 最高人民法院刑事审判第一、二、三、四、五庭编:《刑事审判参考》,人民法院出版社2021年版。

最高司法机关筛选、刊载了大量典型案例,并对判决理由进行了深入分析。

3. [德]埃里克·希尔根多夫:《德国大学刑法案例辅导》,黄笑岩译,北京大学出版社2019年版。

从初阶到高阶,系统介绍了德国刑法案例的研习模式与方法。

4. [日]山口厚:《刑法各论》(第2版),王昭武译,中国人民大学出版社2011年版。

对日本刑法分则的法律适用进行系统介绍,提供了重要的比较法资源。

北大法学进阶

刑事诉讼法的难点问题与学习方法

吴洪淇

关于作者

吴洪淇

北京大学法学院长聘副教授、研究员。兰州理工大学法学学士（2003年），中国政法大学法学硕士（法学理论专业，2007年），中国政法大学法学博士（证据法学专业，2010年）；先后在美国西北大学（2009～2010年）、香港中文大学（2016年）、纽约大学（2017年）等做访问学者。主要研究领域为证据法、刑事诉讼法、司法制度。

先后在厦门大学法学院（2010～2013年）、中国政法大学证据科学研究院（2014～2021年）任教。2021年开始在北京大学法学院任教，主要讲授刑事诉讼法、证据法、法律职业伦理等课程。

刑事诉讼法的学习以了解刑事诉讼法的适用背景为前提。新时代刑事诉讼法面临的挑战决定了当今刑事诉讼法的基本样态。对于刑事诉讼法来说有三个关键词:风险时代、改革时代和新技术时代。当今的刑事诉讼法不但面临着过去冤假错案被揭露的错案风险,同时也在时代和社会的剧烈变革中面临着改革的内部张力和新技术运用的全新挑战。

刑事诉讼法的适用存在很多疑难问题,提出问题其实是解决问题的第一步,提出正确的有意义的问题本身就是一件不容易的事情,需要避免陷入知识性不足、缺乏理论厚度的思考误区。针对同学们现有的学习难点,本文通过梳理形成冤假错案系列问题、程序正义系列问题、证人出庭作证系列问题和其他问题等问题群落,在此进行释疑解惑。而在刑事诉讼学习方法上,把握刑事诉讼法的“三个层面”和“两条理论主线”,从而形成刑事诉讼学习的知识脉络,这是至关重要的。此外,大量扩展阅读和案例分析,可以有效帮助大家理解刑事诉讼法的理论原理,巩固刑事诉讼法的知识体系结构。

■ 新时代下刑事诉讼法面临的挑战

当今我国的刑事诉讼法面对的新时代是一个什么样的时代?现在的刑事诉讼法不同于十几年前的刑事诉讼法,从某种意义上说,正是我们现在所处的这个时代塑造了我们现在的刑事诉讼法。刑事诉讼法面对的新时代有三个关键词,即风险时代、改革时代和新技术时代,这三个关键词在未来很长一段时间是刑事诉讼法需要回应的诉求。

一是风险时代。对于刑事诉讼法来说,这种风险是指错案风险。在过去的十几年间,一些典型的冤假错案频频爆出,例如杜培武案、佘祥林案、张作海案、呼格吉勒图案、聂树斌等,直接指向和质疑刑事司法体制和诉讼证据制度。最高人民法院发布的司法改革白皮书披露,2013 年至 2019 年,人民法院通过审判监督程序纠正的重大刑事冤假错案已达到 46 起,涉及 94 人。这些案件数量尽管在每年上百万的刑事案件中仅仅占据很少的比例,但由于其影响大,会从很大程度上削弱我们刑事诉讼法的正当性——因为这意味着我们的刑事司法程序生产出来的产品有可能是错误的,而且这种错误是没办法杜绝的。事实上,冤假错案发生的原因非常复杂。办案人员不是上帝,而是普通人,难免带有个人主观的偏见和盲信,这就造成在办案过程中可能导致冤假错案的发生。因此,我们没有办法杜绝冤假错案,冤假错案的风险始终会存在,但是我们可以通过程序和证据制度改革来尽可能地降低和正当分配刑事错案的风险。

二是改革时代。我们处在一个改革的时代,处在一个制度急剧变动的时代。在这样一个时代当中,许多利益和诉求都在进行重新主张与分配。对于刑事诉讼法来说,对效率的诉求要求我们进行认罪认罚从宽制度和速裁制度的改革,对反腐的诉求要求进行监察体制改革,对真相的诉求要求进行以审判为中心的诉讼制度和庭审实质化的改革,而对民意的回应要求我们进行案件的审判公开、检察公开,甚至在自媒体上公开整个案件的审理过程。各方面提出的不同诉求都会被反映到刑事诉讼法中,使我们现在这部刑事诉讼法内部充满张力,甚至可能成为一部被撕裂的法律。比如,为缓解犯罪数量增加和员额制带来的办案人员减少的紧张关系,以提高效率为目的的认罪认罚从宽制度改革将刑事诉讼的案件分为两个部分,即80%左右的案件适用认罪认罚从宽程序,剩下的20%左右的案件适用普通程序。又如,监察体制改革后,职务犯罪案件在侦查阶段脱离刑事诉讼法,成为一个相对独立的程序,和其他案件的适用程序分化为两个部分。再如,不同案件在侦查阶段适用的强制措施和律师作用空间也有差异,对于认罪认罚从宽案件一般不采取逮捕措施、鼓励律师介入,对于危害国家安全等重大犯罪案件基本上采取逮捕措施、要求律师会见要提前审批,对于职务犯罪案件则适用监察留置、禁止律师介入。因此,看似我们学的是一部刑事诉讼法,但其实是多样化的刑事诉讼法。

三是新技术时代。近年来,随着社会技术的发展,犯罪手段也在不断地更新换代。一定程度上可以说,公安机关最棘手的案件已经从传统的盗窃、杀人等案件转向非接触型的案件,也就是网络犯罪案件。这就要求通过大数据证据、人工智能、监控录像、GPS定位、DNA和电子证据等新型侦查手段来获取证据。

案例1:许国利杀妻碎尸案

犯罪嫌疑人许国利在杀害被害人后,将被害人尸体搬至卫生间进行尸解、分散抛弃,扔掉大块尸块,用抽水马桶冲走小块尸块。作案后,犯罪嫌疑人许国利主动向警方报案,但编造虚假信息,对外谎称被害人失踪,逃避侦查。警察就采取了新技术的侦查手段，通过调阅小区监控录像发现被害人从未离开住所。同时，警察对抽取的38车粪水进行冲洗、筛查，其间发现有疑似人体组织，现场提取检测，并经DNA比对后，认定系被害人的人体组织。此外，警察还查阅到犯罪嫌疑人购买安眠药、切割机等网络购物记录，以及发现被害人失踪当天住所用水过量，最终锁定报案人许国利为凶手。

可见，新技术的运用正在帮助公安机关形成由案到人、从证到供的新时代侦查模式。而对于检察院、法院来说，新技术带来了很多新型证据，如电子数据、大数据证据，而如何有效地举证、质证和认证，都需要从刑事诉讼法和证据法的角度来进行反思。

■ 学习难点回应

□ 冤假错案系列问题

冤假错案是需要全世界共同面对的问题。例如，《美国错案报告：1989～2003年》中，作者就曾写道，"一共发现了340起错案，327起是男性，13起是女性，平均每个人至少被关了10年以上"。而美国的洗冤工程也曾记录全美发生过的2000多起冤假错案。冤假错案是一个复杂的问题，有效避免冤假错案、解决"疑罪从挂"更是一个系统性工程，需要从多个角度来进行回应。

第一，从刑事诉讼程序角度来说，要避免有罪推定、先入为主，过早陷入思维定式。很多冤假错案存在一个共性，即侦查人员在案件刚开始办理时怀疑的方向就有错误，而侦查人员丰富的办案经验又使他们坚定选择错误的方向，用经验来代替分析的现象时有发生，甚至通过刑讯逼供的方法验证这个错误的方向，造成一错到底、很难纠正的现实难题。例如，张氏叔侄案主办人曾办理过300多起案件，被誉为女神探，具有丰富的办案经验，认为张氏叔侄最后接触被害人，故有最大的犯罪嫌疑；呼格吉勒图案的受理人是警察局局长，多年的办案经验令其坚信，报案人呼格吉勒图作为男性深更半夜进入女厕所发现尸体，动机不纯；杜培武案中，侦查人员认为杜培武作为妻子出轨的直接受害者，最有动机杀害被害人。

这启示我们，经验只能是侦查取证的拐杖，用以帮助判断侦查的方向，但是经验具有不可靠性,不能完全取代侦查。因此,既然起点上可能存在错误,我们就要从起点上预防滑坡效应的发生,防止开始错导致步步错。这就要求改革侦查制度和强制措施制度,降低羁押率,摆脱以口供获取为中心的侦查模式。

第二,发挥国家机关之间的制约作用,改变侦查中心主义的纵向诉讼构造。公检法机关的整体制度设计在于保障后项程序能够对前项程序进行制约和纠错,尤其是法院作为最后一道防线要严格把关。

案例2:赵作海案

由于对无头尸体的确定缺乏足够证据,商丘市检察院曾以"证据不足,事实不清"为由两次退卷,并拒绝再次接卷。但警方坚持认为赵作海是杀人凶手,不肯放人,致使赵作海被长期羁押。在"超期羁押压力"下,检察机关勉强批捕起诉,检察机关最终没有发挥纠错的功能。

冤假错案中的法官常常已经发现案件存在证据问题,但不敢作无罪判决或不能作无罪判决,最后采用折中的疑罪从轻方式处理,令案件无法回转。因此,近年来我们检察系统提出少捕慎诉慎押的刑事政策,大力推动检察不起诉听证、羁押必要性审查听证改革,法院以审判为中心的制度改革、庭审实质化改革,最终目的就是要求检察院和法院发挥制约作用。

第三,改革刑事证据制度,完善证明标准。很多冤假错案的发生是由于证据制度的不完善,错误或虚假的证据进入法庭中成为对被告人不利的定案根据,反过来对被告人有利的证据没有办法进入法庭。近些年,证据制度的改革以不断出台刑事证据规定的方式进行,证据制度在向体系化方向发展。证据制度主要有以下几个值得反思的方面:

其一,欠缺对DNA证据的重视程度。

案例3:张氏叔侄奸杀案

被害人八个手指甲里分离出一个陌生男性的DNA,但杭州市中级人民法院认为,"因手指为相对开放部位,不排除被害人因身前与他人接触而在手指甲内留下DNA的可能性"。浙江省高级人民法院则在终审判决中写道,"本案中的DNA鉴定结论与本案犯罪事实并无关联"。事后,经过鉴定比对,被害人指甲里的DNA,与6年前已被执行死刑的另一犯罪人的DNA吻合。

案例4：于英生杀妻案

受侦查机关委托，辽宁省公安厅刑技处对受害人韩某内裤上的残留物，与于英生的血液样本进行了DNA比对分析。结果表明，在韩某内裤残留物检出精子，但不是于英生的。辩护人将这份鉴定报告提交给了法庭，并作出了无罪辩护。对此，控方认为被害人内裤上的精子，来源于一只他人用过丢弃的避孕套，被于英生捡拾用来伪装犯罪现场，法院最终采信检察机关的意见。

因此，未来我们应当重视DNA鉴定的作用，重视物证的收集，在强奸案、杀人案等重大刑事犯罪中，尤其需要重视DNA证据和物证的使用。

其二，线人的使用趋于失控。不少冤假错案中都有线人出现。

案例5：线人袁连芳

2001年，袁连芳因涉嫌贩卖淫秽物品牟利罪，被判处6年有期徒刑，2003年首次执行任务，转到鹤壁看守所作为河南马廷新案的警方线人，后被减刑一年半。2003年5月，作为警方线人又与张辉关押在一起，后被减刑10个月，2004年刑满释放。袁连芳是河南马廷新案、张氏叔侄案中出现的关键线人。

线人出于减刑等利益动机，容易出现伪证问题，而我国证人出庭制度不完善，这就导致线人以第三方证人的形式出庭作证，混淆法官视听。因此，未来我们对线人证人的作证问题要采取格外谨慎的态度。

其三，现场辨认频频出错，见证制度形同虚设。例如，佘祥林案、张氏叔侄案中辨认程序都存在问题，见证制度未发挥作用，因此，有必要进一步思考辨认程序的规范化问题。

其四，刑讯逼供的使用。很多冤假错案都涉及对被告人的刑讯逼供，刑讯逼供得来的被告人供述成为指控被告人有罪的核心证据。因此，需要通过非法证据排除制度改革，将刑讯逼供、威胁、引诱、欺骗等违背被告人意愿手段获取的证据排除出去，防止“劣币驱逐良币”。

其五，客观化证明标准缺乏可适用性。过去“事实清楚，证据确实充分”的证明标准表述的是一种完全理想的客观化境界，过于刚性和僵化导致实践中不具有可操作性，证明标准被人为降低，逐渐演变成“基本事实清楚，基本证据确实充分”，最后变成“事实基本清楚，证据基本确实充分”，冤假错案最后就是通过低标准的证明产生。因此,2012 年《刑事诉讼法》修改引入排除合理怀疑的主观因素,缓解证明标准过于客观化的现状。《关于办理死刑案件审查判断证据若干问题的规定》从法律的角度解释证据确实、充分,要求定罪量刑的事实都有证据证明,每一个定案的证据均已经法定程序查证属实,证据与证据之间、证据与案件事实之间不存在矛盾或者矛盾得以合理排除,共同犯罪案件中被告人的地位、作用均已查清,根据证据认定案件事实的过程符合逻辑和经验规则,由证据得出的结论为唯一结论。可见,通过引入主观判断因素、具象化客观证明标准,证明标准的要求在逐步提高。

第四,改革辩护制度,发挥律师在刑事诉讼中的作用。如果将刑事诉讼比作一辆加速前进的战车,在相当一部分案件中,公检法机关扮演的都是“踩油门”的角色,只有辩方律师扮演的是“踩刹车”的角色。律师是唯一站在被告人立场只为被告人辩护的人员,可以促使公检法机关从反面思考案件是否存在另一种可能性。同时,刑事案件可能涉及很多科学证据的技术化问题,单纯依靠被告人及其家属无法进行专业的辩护,只有依靠专业律师才能指出问题的关键。比如,杜培武案中的辩护律师在一审的辩护词中就已经指出案件在鉴定、刑讯逼供、被告人不在犯罪现场的疑点;福建念斌案涉及大量的毒物鉴定知识,如果没有律师的介入与支持,很难想象能够最后翻案。

案例 6:念斌投毒案

2006 年 7 月 27 日夜,福建省平潭县澳前村 17 号两户居民家中多人出现中毒症状,其中两人经抢救无效死亡。警方经过侦查,很快确定是人为投入氟乙酸盐鼠药所致,其邻居念斌有重大作案嫌疑。后该案历时 8 年共计 10 次开庭审判,4 次被判处死刑立即执行。2010 年 10 月,最高人民法院以“事实不清、证据不足”发出不核准死刑的裁定书,并撤销原判决,发回福建省高级人民法院重审。2011 年 5 月 5 日,福建省高级人民法院也撤销了福州市中级人民法院对念斌的死刑判决,该案件发回福州市中级人民法院重新审判。2011 年 9 月 7 日,该案在福州市中级人民法院再次开庭审理,再次对念斌判处死刑,剥夺政治权利终身。2014 年 8 月 22 日,福建省高级人民法院公开宣判,对涉嫌犯投放危险物质罪的上诉人念斌最终宣告无罪。

因此,改革辩护制度,保障律师的会见权、阅卷权、调查取证权、庭上的质证权等各种辩护权利,就是为律师的意见被公检法机关采纳提供可能。

□ 程序正义系列问题

实体正义与程序正义的平衡是重要的理论问题。我们需要依赖刑事诉讼程序处理犯罪现象,但是刑事诉讼程序无法产生绝对客观的真相,也就是无法完全避免错案的风险,不能保证必然实现实体正义。因此,我们只能尊重程序正义,将追诉犯罪嫌疑人的过程建立在程序正义的基础上。同时,刑事诉讼在展示刑事程序正当化的过程中,也不仅包括追求事实真相,还包括对于普法、人权保障价值的追求。在刑事诉讼程序运行的过程中,实体正义与程序正义之间难免会发生矛盾,根本的协调思路是坚持底线证明的原则,即正义地探求真相。第一,在证据方面,在证据采纳上,可以牺牲支持被告人有罪的证据以实现其他价值,但不能牺牲支持被告人无罪的证据来实现其他价值,换言之,能证明被告无辜的证据应尽可能加以采纳;在证据排除上,通过侵害被告人基本权利所直接获得的证据通常应当给予排除,所间接获得的证据则裁量排除。第二,在程序方面,在追诉犯罪时应当保障一些底线性权利,如联合国《公民权利和政治权利公约》《欧洲人权公约》对犯罪嫌疑人知情权、获取律师帮助权、对质权、不被强迫自证其罪等方面的底线保障。

迟到的正义还是正义吗?它可能没有那么正义,但也不好说完全不是正义,正义虽然姗姗来迟,但是它总归还是会到来。因此,迟到的正义可能也是正义,总是比非正义来得好一点。但我们的刑事司法确实还是要尽量避免这种迟到的正义,因为这无论对当事人还是对国家来说都是一种巨大的伤害。

案例 7:张玉环案

1993 年 10 月 24 日,江西省南昌市进贤县凰岭乡张家村,年仅 6 岁的张磊和 4 岁的张翔忽然失踪。次日,二人被发现死在附近的下马塘水库内。几天后,时年 26 岁的同村人张玉环被警方锁定为嫌凶。

2001 年 11 月 28 日,经过长达 8 年的司法程序后,张玉环终审被判死刑缓期两年执行。2018 年 6 月 20 日,江西省高级人民法院对张玉环案立案复查,并通知律师阅卷。2020 年 8 月 4 日下午 4 点,江西省高级人民法院再审宣判张玉环故意杀人案,法院最终以“原审判决事实不清,证据不足”,宣告张玉环无罪。律师表示,将帮助申请约 700 万元国家赔偿金。9 月 2 日,张玉环向江西省高级人民法院提交了国家赔偿申请,申请赔偿金额22,343,129元。9月4日,江西省高级人民法院受理张玉环的国家赔偿申请。2020年10月30日,江西省高级人民法院向赔偿请求人张玉环送达了国家赔偿决定书,依法决定向赔偿请求人张玉环支付赔偿金4,960,521.50元。

此外,我们不能忽视运动式执法方式如扫黑除恶对程序正义的重大影响。从政治学的角度来看,运动式执法的特点在于其暂时打断、叫停各就其位、按部就班的日常运作过程,代之以自上而下、政治动员的方式来调动资源、集中多方力量完成某一特定任务。运动式执法的优点在于短期内可以动员起强大的力量,针对某些问题作出强有力的推进,有效解决一些在常规状态下很难解决的问题。但运动式执法也存有隐患:一方面,为了动员力量,往往需要以下指标、下任务的方式来强力推动,有限的资源使得短期内集中的运动式执法影响一些常规事务的处理,甚至导致部分下级机关为了完成这些任务,可能使用造假案等方式来应付的后果。另一方面,公检法之间相互制约、相互配合的常规状态被打破,取而代之的是更强调相互配合的联合办案状态,对个别案件的处理可能有失偏颇。

□ 证人出庭作证系列问题

在我国司法实践中,庭审中证人不出庭现象一直很严重。我国《刑事诉讼法》第61条规定,证人证言必须在法庭上经过公诉人、被害人和被告人、辩护人质证并且查实之后,才能作为定案的根据。证人证言既包括证人本人出庭作证的证言,也包括证人的书面证言,法律并未强制要求证人必须出庭作证。同时,证人当庭证言并不必然具有优先性。根据最高人民法院《关于适用〈中华人民共和国刑事诉讼法〉的解释》第78条的规定,证人当庭作出的证言与其庭前证言矛盾,证人能够合理解释,并有相关证据印证的,应当采信其庭审证言;不能作出合理解释,而其庭前证言有相关证据,可以采信其庭前证言。可见,我国目前对于证人翻供采用的是印证标准,并未像西方国家建立证人不出庭作证则证言需要排除的传闻证据规则。此外,我国《刑事诉讼法》还确立了关键证人出庭制度。根据《刑事诉讼法》第192条的规定,关键证人出庭作证在实体上需要同时满足三个条件,即公诉人、当事人或者辩护人、诉讼代理人对证人证言有异议,且该证人证言对案件定罪量刑有重大影响,人民法院认为证人有必要出庭作证的,证人应当出庭作证。由此可见,关键证人必须出庭的条件是很高的,“证人证言对案件定罪量刑有重大影响”“法院认为证人有必要”最终都是由法院决定是否出庭,而法院往往认为证人没有必要出庭。

那么,如何看待亲属作证豁免权呢？为了保护交流的隐私性以及家庭伦理等其他社会价值,一些西方国家确立了夫妻之间作证特免权、医生和病人之间作证特免权、律师和委托人之间特免权以及牧师和信徒之间特免权。我国2012年修改后的《刑事诉讼法》规定,经人民法院通知,证人没有正当理由不出庭作证的,人民法院可以强制其到庭,但被告人的配偶、父母、子女除外。起初,很多学者认为该条款和证人出庭作证特免权含义相同。在司法实践中,该条款变成只是允许配偶、父母、子女可以免于被强制出庭,但是并没有赋予其免于作证的权利。相反,特定证人出庭作证豁免权的确立会损害被告人的权益,令被告人失去与证人当庭对质的机会。

□ 其他相关问题

第一,沉默权的适用问题。《刑事诉讼法》第120条规定,犯罪嫌疑人对侦查人员的提问,应当如实回答。但是对与本案无关的问题,有拒绝回答的权利。需要注意的是,这并不意味着我国目前已经确立沉默权。因为沉默权的确立不仅是赋予犯罪嫌疑人沉默权权利,更重要的是通过沉默权背后一系列的制度设计保障沉默权的适用:首先,犯罪嫌疑人应当有获得告知沉默权的权利;其次,犯罪嫌疑人可以与在场的律师进行讨论,来明智决定是否保持沉默,这就需要讯问时律师在场权;再次,犯罪嫌疑人保持沉默后,侦查人员应当立即停止对其讯问;最后,犯罪嫌疑人保持沉默的行为不能导致其受到不利推定的后果。而我国《刑事诉讼法》仅仅规定犯罪嫌疑人可以拒绝回答与本案无关的问题,尚未建立起沉默权的相应制度保障,因此不能视为我国已经规定沉默权。

第二,法院员额制改革问题。法官员额制的本质是在法院的原有法官中遴选出更富有专业知识或裁判经验的一类人员成为员额制法官,通过单独职务序列单独管理,在提高福利待遇的同时,要求员额制法官对案件实行终身负责制。如何有效发挥员额制法官的作用？一方面,要给员额制法官配比相当的法官助理,让法官助理承担案件办理的相应辅助功能;另一方面,要调节员额制法官可能遭遇的心理失衡,进一步思考员额制法官福利待遇的提高能否与员额制法官的工作负荷和终身责任相匹配。

第三,陪审员的审判问题。在实践中,我国的人民陪审员出现专职陪审员担任的情况,人民陪审员成为弥补法官人员不足的一种替代性制度措施。人民陪审员制度几乎流于形式,并未发挥制度设计的最初功能。从根本上来说,作为普通民众,人民陪审员没有办法对案件中的法律问题发表意见,他们不具备这样的知识。因此,人民陪审员制度的适用前提是实行案件事实与法律的两分法,即陪审员负责事实审,法官负责法律审。在西方国家的陪审制度中,陪审员只负责对犯罪嫌疑人是否有罪作出判断,必要时法官还会给予陪审员一定提示,而犯罪嫌疑人的量刑问题则是由法官负责。另外,裁判者在确定犯罪嫌疑人是否有罪时,其实会承担巨大的心理压力,如何确保作为普通民众的人民陪审员能够缓解心理上的压力,根据自己的良心作出判断也非常重要,有必要建立人民陪审员秘密评审、匿名评审等机制,给予人民陪审员制度上的保障。

第四,新技术对刑事诉讼法的挑战问题。新技术对刑事诉讼法的挑战是一个宏观的命题,刑事诉讼法需要适应或者利用互联网技术得到理论和实践的进一步发展。这不但体现在电子证据等新的证据形式出现必然带来证据审查方式的变革,还体现在互联网远程审判对法官审判方式的影响,以及大数据侦查等新型刑事侦查方式对口供重要性的削弱。很多现代法庭科学技术,如DNA、血型鉴定、指纹鉴定等都适用的是刑事诉讼法有关鉴定意见的审查规则,即要求对鉴定的检材、程序和适用标准进行全方位的审查。鉴定人应当出庭而拒不出庭的,其鉴定意见应当被排除,不得作为定案的依据。在鉴定过程中检材来源不明的、程序或者适用标准出现错误的,也都会被排除在定案的依据之外。而测谎仪技术本身还存在较大争议,在我国尚未赋予其证据的资格,无法列入法庭审理的范围。

■ 刑事诉讼法的学习方法

□ 刑事诉讼法的“三个层面”和“两条理论主线”

刑事诉讼法本身涉及的主体和规范繁杂,带有公法性质,在学习的过程中需要注意区分三个层面:一是刑事诉讼法现象,即在我们日常生活当中出现的与刑事诉讼相关的案例、新闻报道、刑事诉讼主体等现象;二是刑事诉讼法规范,即国家权力机关及相关机关颁布的具有实际法律效力的刑事诉讼法律及司法解释；三是刑事诉讼法理论知识，理论知识有助于解释刑事诉讼法现象、理解刑事诉讼法规范，如程序正义理论、刑事诉讼价值、刑事诉讼构造、刑事诉讼原则、令状主义、比例原则、保释制度等。以这三个层面为基本框架，建构成完整的刑事诉讼知识板块或者说知识体系，即包括基础理论、刑事诉讼基本制度、刑事诉讼具体流程和刑事特别程序。在分析案件时，要明确案件对应的是知识板块的哪个部分开展分析。

在对刑事诉讼法理解的基础上，还需要注意把握两条理论主线：一是国家与被追诉者之间的关系。刑事诉讼本质上是国家追诉涉嫌犯罪的被追诉者的一场活动。在侦查、审查批捕、审查起诉、审判的每个阶段当中，都贯穿着国家专门机关的指控与被追诉者防御或合作之间的关系，整个追诉活动变成一种合法的推动工作。刑事诉讼法要求通过诉权来制约侦查权、起诉权与审判权等国家权力，从而实现刑事追诉活动的正当化。二是国家专门机关在追诉活动中彼此之间的关系。现代刑事诉讼法为确保国家专门机关有效追诉犯罪及防范权力滥用，对国家专门机关在追诉犯罪中进行的授权与控权相结合，例如，赋予侦查机关各种侦查手段和强制措施，同时要求检察机关进行审批逮捕，侦查机关内部进行强制措施的审批。刑事诉讼法要求通过程序来实现权力行使的正当化，公检法机关在侦查、审查起诉和审判阶段分别承担不同的职能，从而实现相互制衡。

□ 通过阅读来进入刑事诉讼法的知识体系

刑事诉讼法的学习要通过大量阅读形成知识体系，主要包括以下四种途径：一是教科书，包括国内教科书和国外教科书。教科书的目的在于理解刑事诉讼法的基本概念和知识体系。二是法律规范，包括刑事诉讼法及相关司法解释。三是刑事诉讼案例。四是理论著作，包括国内外专题性论文与著作。

□ 案例分析

案例分析是刑事诉讼法学习的灵魂，案例能够有效填补刑事诉讼法法条抽象和情境疏远的问题。案例分析的方法要求将自己所学的刑事诉讼法理论知识、法律规范与具体的案例情境结合起来理解，如辛普森案、杜培武案涉及无罪推定原则的适用，陈国清案涉及强制措施的适用等。

在学习案例时，对案例相关信息的掌握要尽可能详细、完整，除了看案件简介之外,最好能结合第一手资料如判决书、起诉书、辩护词等进行辅助学习。只有这样,对案件的理解才不是孤立和抽象的,才是丰满和立体的,才能理解案件中各类主体面对的具体情境和行动的具体原因。

■ 阅读指引

□ 基础书目

1. 陈瑞华:《刑事诉讼法》,北京大学出版社2020年版。

   编写简洁、体系性和融贯性较强,区别于国内其他所有的刑事诉讼法教科书。

2. 陈光中主编:《刑事诉讼法》,北京大学出版社2021年版。

   以刑事诉讼法法条为基础,层次分明、结构清晰。

3. [日]田口守一:《刑事诉讼法》(第7版),张凌、于秀峰译,法律出版社2019年版。

4. [美]约书亚·德雷斯勒、[美]艾伦·迈克尔斯:《美国刑事诉讼法精解》,吴宏耀、魏晓娜译,北京大学出版社2009年版。

   分为上下两卷,上卷为刑事侦查卷,下卷为刑事审判卷。

5. [德]托马斯·魏根特:《德国刑事诉讼程序》,岳礼玲、温小洁译,中国政法大学出版社2004年版。

   内容较为简单,适合外国读者入门,但同时内容较为陈旧,无法反映最近的前沿动态。

□ 进阶书目

1. 陈瑞华:《刑事程序的法理》(上下卷),商务印书馆2021年版。

   覆盖了刑事诉讼程序里面几乎所有的专题,包括刑事辩护形式、刑事诉讼价值、刑事诉讼构造、刑事诉讼发展史等。

2. 《争鸣与思辨:刑事诉讼模式经典论文选译》,虞平、郭志援编译,北京大学出版社2013年版。

   收录了帕克、达玛斯卡、菲利等人的经典论文。

3. 李心鉴:《刑事诉讼构造论》,中国政法大学出版社1992年版。

   内容较旧,但是属于构造论研究的经典之作。

4. 布兰登·加勒特:《误判:刑事指控错在哪了》,李奋飞等译,中国政法大学出版社2015年版。

   对美国三四百个错案进行研究,启发我们在刑事审判以及审判人员理论方面进行反思。

5. 陈瑞华:《刑事审判原理论》,法律出版社2020年版。

6. 龙宗智:《论检察》,中国检察出版社 2013 年版。

涉及检察机关在检察阶段的审查起诉、审查批捕等问题的研究。

7. 陈瑞华:《刑事辩护的理念》,北京大学出版社 2017 年版。

目前对刑事辩护制度较为全面的研究著作之一。

8. 麦高伟、威尔逊主编:《英国刑事司法程序》,姚永吉等译,法律出版社 2003 年版。

内容较旧,但是其将刑事诉讼程序几乎所有的问题列为二三十个专题,方便同学们查阅。

▣ 案例

1. 一手资料。如中国裁判文书网、人民检察院案件信息公开网、北大法宝等。
2. 两高判例。如《刑事审判参考》、《刑事司法指南》、最高人民法院公报案例,以及最高人民法院和最高人民检察院官方微信公众号发布的指导性案例。

经济法与社会科学的融合与交错

邓 峰

关于作者

邓　峰

北京大学法学院教授，博士生导师。兼任北京大学法律经济学研究中心主任。主要研究方向为经济法总论、企业与公司法、法律经济学等。

自2003年在北京大学法学院任教以来，主要讲授经济法学、经济法总论、企业与公司法、公司治理与企业理论、法律经济学等课程。积极参与课程改革建设，在法学院推动开设了合同法实务、并购与重组以及英国合约法等广受学生喜爱的课程。

经济法的研究中，有两类风格。一类相对偏重传统的解释框架，另一类更喜欢另起炉灶，构建一套新的社会经济政治理论来解释。但我认为后者并非很有效的方式，我更想从法律史的框架内去解释经济法的法律现象。但是经济法并不是无源之水、无本之木。我们有自己的渊源，只是和传统法学渊源有点不大一样。我们在传统法学的基础上有一个和其他学科、其他思想渊源接轨的过程，我们要跟在经济法发展过程当中，包括曾经对我们作出贡献的，以及我们在未来学习当中需要去了解的这部分知识更紧密地结合，以理解现实。类似的知识主要包括三个传统。第一个是经济学传统。

■ 经济学进路

经济法和经济学，某种意义上是一体两面。在过去，某种意义上是系出同门。我们来看一下经济学的脉络。在1850年以前（更准确地说是在1870年以前），我们的法学不是独立的，是前期注释法学派、后期注释法学派相继发展的路径。这样的路径只是对罗马法传统的解释，所谓正宗的法学只不过是对经典文本的理解，并且将其更好地嵌进当时的现实生活当中。这不是一种自给自足、逻辑自洽、面对社会现实的法学。法学真正开始独立出来是和哲学的转向联系在一起的。18、19世纪是古典哲学的黄金期，在整个法学的探索过程当中，新的哲学思想不断涌现。当然，这些哲学更多和政治学、法学联系在一起。现代政治理论也是我们的源头之一，这些理论处理的都是法律问题、伦理问题、政治问题。所以法律在一开始能够真正成为一个学科，像社会科学一样是一门科学（science），这个结合点是从哲学的转向开始的。

□ 效率、规划设计与现代生活方式的奠基

经济学、法学、法律经济学有一个传统，就是建立在功利主义哲学基础之上的。边沁有一位亲传弟子叫查德威克（Chadwick），他受过法律训练，做过律师，又是功利主义哲学传人，有经济学的背景。他是一个很有意思的人。

今天我们在城市里生活，包括现在有些农村也这样子，回到家打开水龙头，水就管子里流水出来。我们生活在这样的世界里，大家有没有想过这个是

怎么来的。而在以前农村生活中,是要去专门打水、挑水的。村里有一口井,或者旁边有一条河,家里有一口大缸,要把水挑回来。今天城市生活里,打开水龙头水就出来了,包括与水有关的,如下水道、排水、上水、下水,还包括电视入户、电话入户、燃起入户、能源入户、电入户,这样的生活模式就归功于查德威克。以前城市也是需要挑水的。查德威克就对整个伦敦的挑水时间作了测算。经过经济的数据测量,查德威克认为集中供水可以节省很大的成本。采用把水龙头接到家庭的方式在经济上更可行、更划算,比起自己花时间打水的方式整体社会效率更高。这就奠定了今天这样的生活方式。

巡警制度的形成也要归功于查德威克。福尔摩斯探案的电影还原 19 世纪的英国,你会发现当出现需要街头罪案的时候,警察是吹哨子的。两个警察一组骑马巡逻街区,美国在借鉴英国经验的基础上,改采两个警察坐一辆警车去巡逻。警察的巡逻有一个很详细的路线规划。查德威克调查了大量犯罪案件,发现预防犯罪最有效的方式是在犯罪发生的时候予以制止。为有效制止犯罪,他制定了基本标准,即警察要在听到第一声求救后 9 分钟之内赶到现场。为此他重新规划了整个伦敦的警察巡逻路线,两个人一组,按照固定的路线在区域内进行巡逻,当听到第一声"help"的时候能够在 9 分钟之内赶到现场。这奠定了现代城市的 policing,就是巡逻检查、维护治安的方式。

另外,在其著作《城市的葬礼》中,查德威克运用了法律的、经济的和功利主义哲学的分析思路。他发现,整个伦敦市每天有 600 ~ 700 人死亡,但伦敦每天只能为 100 人提供葬礼,而且葬礼服务被垄断在宗教团体手里。查德威克认为伦敦的葬礼应该放开,由私人进行经营,政府提供土地,采用特许经营的方式。

但英国议会没有采纳他的意见,为什么?这也跟第二个进路——政治有关系。英国宗教力量是非常强大的,对议会的控制非常严格,美国也有这种情况。大家知道 20 世纪 60、70 年代是美国《反垄断法》执行比较严格、比较积极的时候,美国联邦贸易委员会(FTC)启动过一个方案。在美国很多地方,葬礼是一项打包费用,从教堂处理尸体开始,到最后下葬,中间要搞一些活动,还要组织一个仪式,整个活动共收一笔费用。这属于打包、捆绑、搭售,所以 FTC 认为应该分别计价,尸体化妆多少钱、人工费多少钱等。

我们是生活在法律对这些问题的处理与保护之下的,否则很多服务你是不知道被收了多少钱的。比如你去 4S 店修车,4S 店会写得很清楚,换了哪个零件，这个零件多少钱，人工费是多少，工时费是多少等，都写得很清楚。如果没有经济法的监管制度、反垄断制度，你是拿不到这张单子的。所以 FTC 要求必须明码计价，不能捆绑销售。但这遭到了美国宗教团体的反抗。因此，《反垄断法》想介入到宗教力量的领域最终失败了。这就可以理解查德威克面临的局面。

但慕尼黑后来就采用了《城市的葬礼》提出的原理。思路很简单，首先要了解供给是多少、需求是多少、现在的供应方式是什么样的。

当然，经济学有很多不同的进路，在历史上怎么和我们的法学相接轨呢？查德威克只是很少的先驱者之一。

□ 法律与经济学结合的思想脉络

从真正的大思想脉络上来说，除了古典哲学以外，今天大部分的社会科学都来源于德国的历史学派。后期的时候出现了今天所了解的奥地利学派。当这些学派被介绍到美国以后，这些学派就把政治、经济、社会这些因素放在一起进行考量，并且是希望以科学的方法处理。这就催生了旧制度经济学。旧制度经济学在 1930 年时达到顶峰。法律和经济学的结合就是从制度经济学开始的。

1870 年，美国突然有了 150 多家法学院，法学院之间要进行竞争，所以有的法学院希望通过培养精英的、看得更远的、更积极参与社会治理的人做理论，朝理论方向去发展。而有的法学院认为自己不足以做理论，就培养律师。以哈佛大学为代表，詹姆斯开始强调实用主义，一种以结果为导向的哲学思想；霍姆斯、詹姆斯一代人使整个法学方面有一个转向。

在这个群体里面还有一个很重要的人物，就是罗斯科·庞德。庞德在 28 岁的时候，从一个很小的城市跑到全国律师大会上，对美国当前的司法体系进行全面抨击，由此开启了法社会学。实际上他的法社会学是一个口号，当时强调的是，法律要面对社会变动，解决真的社会问题。20 世纪 30 年代的时候法学和经济学一拍即合，所以很多学者既处理经济问题也同时处理法律问题。你可能对经济学当中大的历史脉络和发展不是很了解，但那时候已经出现了霍姆斯所说的学法律的人要懂一点经济学。不过那时候霍姆斯已经年纪大了，不代表新生的思想。在 19 世纪 10 年代至 30 年代，整个法学出现了商业现实主义的转轨，像卢埃林等人，开始使法律更好地回应社会变化，借助的手段就是和经济学相结合。

当然制度经济学下场比较惨,某种意义上,经济法学当中很多学者看到的那一部分内容,都是制度经济学的残留。所以如果讲以前的经济法学,实际上是制度经济学一部分内容加上宏观经济学的一部分。我认为应当加以改造,回到另外一种经济学传统中。

制度经济学有一个很大的问题,就是和社会学、原来的经济法学类似——过于宏大,从而导致没有一个统一的解释框架。最终所有其他学科都可以和它结合,使它有一个分裂过程。在整个法学分裂过程中,分裂出今天法学当中很重要的两个分支,批判法学与社会法学。当然你可以把社会法学看作批判法学的上位。这就成为 20 世纪美国法学理论的主导。这是学科间关系大致的历史过程。

但是,我们的经济法在制度经济学下有两个不同的脉络,这也是我着力发掘的,一个是康芒斯(Commons)的传统,康芒斯的传统和之前的不一样之处在于,康芒斯的传统把法律拉回到了微观的分析,回到资本主义的一个最基本的单位,像马克思一样。康芒斯认为资本主义最基本的单位是交易,从交易的特性开始理解整个资本主义制度。康芒斯最后的著作是《资本主义的法律基础》,威廉姆森(Williamson)是沿着康芒斯的脉络进行研究的,威廉姆森很著名的书是《资本主义经济制度》,这两本书都是传世的经典著作。另外,康芒斯传统在政治上拥抱了新的政治主义倾向,叫进步主义政治。1910 年开始,即老罗斯福和威尔逊改造了共和、民主两党,使法学开始关注今天所讨论的民生问题、实际需求问题,完成了转向。这是我们和经济学开始结合的第一个阶段。

后面的结合就到了法律经济学阶段。法律经济学也分成两部分:第一是新制度经济学。新制度经济学似乎很庞杂,可是我们仍然有大师级人物做基本总结。这个总结是威廉姆森所做的。制度经济学处理的是私人选择的问题和公共选择的问题。私人选择,除了原来的经济学之外,主要处理交易问题——他所说的首先是合同交易问题,怎么样进行交易,然后这些交易怎么能变成企业,这些企业又可以衍生出一个组织,这个组织是如何发生变化的,最后混合了企业、混合了私人、混合了政府的制度是怎么样进行转轨的,大致是由这三个部分组成的。公共选择主要是研究两个方面,一是规则是怎样产生的,通过投票和民主过程;二是规制如何失败的或如何改进,就是规则的输出。这是制度经济学当中能够和经济法接轨的源泉、思路。

随后出现了芝加哥学派的法律经济学。当然法律经济学内部有很多不同的派别,总体上对它有很多批评。这个法律经济学以波斯纳、伊斯特布鲁克为代表,他们属于第一代法律经济学者,所使用的语言就是“新古典经济理论”,这个被视为是第一代法律经济学。

第二代法律经济学称之为耶鲁学派,以耶鲁大学为中心,领军人物是卡拉布雷西。波斯纳承认效率是法律的最终价值,像查德威克那样。波斯纳的说法没有区别长期和短期。按照边沁的观点,为什么要以福利最大化作为判断问题的标准?因为可能是很长期的,也就是没有效率支持的公正是不能长期维持的,如妇女不能投票、黑人不能投票、等级制。这些从长远的社会发展角度来讲是不能维持的。

但回到当下的法律制度,还是存在一个分歧——我们追求的是公平还是效率。如果都放长期来看,什么东西都放在一百年、两百年大格局来看,法学就不需要存在了。因为无所谓,只要有一些先例,如果是没有效率的,大家都会绕开它走,不会用这个方法了。所以自然而然就出现了效率。否则,法律怎么分配,产权的归属,谈这些就没有意义了。

第二代法律经济学有两个很重大的变化,第一个价值目标有公平和效率,第二个在方法上也有很重大的变化,使用的方法是新古典综合。为什么叫新古典综合?因为在新古典理论里面没有博弈论,无法处理集体行动,过去经济学是生产者理论、消费者理论,然后到市场均衡。

但没有考虑一个问题就是,一个人是这样子的,那两个人、三个人、四个人还是这样子的吗?人数的多少以及人和人之间的博弈会相当于每个人都是一样的吗?肯定是不同的。市场当中如果只有两个主体或三个主体,和你理想假定的有无数个主体,以及市场是通过什么样的方式组织起来,直接影响着结果。而过去的新古典理论中是没有这个知识的。所以你想检验某理论属于法律经济学的第一代还是第二代,就看是否包括博弈论。如果能够把博弈论代入到分析过程当中,就属于第二代法律经济学。没有博弈论,只会讲成本收益、产权合同,就是第一代。

现在的法律经济学发展到第三代,再一次的综合,会有很多不同的综合。我做其中的一个,就是历史的法律经济分析,和历史结合起来,这被称为三代法律经济学。经济法要和哪一类经济学结合呢?我认为基本工具是法律经济学,然后和福利经济学、公共经济学更好地接轨。这是研究经济法的一个很重要的进路。你如果喜欢研究这个领域里面的问题,如涉及国有企业、PPP、经济规制的问题,要研究这个领域里的问题是需要这些知识的。这是第一个进路。

■ 政治学进路

第二个进路是政治学的视角。政治学的视角是非常重要的,因为无论是规制也好,反垄断也好,都带有很大的政治特性,其本身如何产生也是一个政治结果。最近几年发生的如占领华尔街、黄背心等这些现象。这些街头的抗议活动是由 90 年代以来的全球化政策所引发的。全球化何以能够得到实现?是因为新自由主义政策。这涉及一个很根本性的问题。

这里列举些数据。Elizabeth Warren 谈到过,80 年代以来,全球经济的整个新增长的部分,10% 的人获得了其中 90% 的份额,这个分配是严重不对等的。你的生活成本、教育成本及抚养子女的成本在上升,表面上看名义 GDP 在增长,但实际上要付出比以前更多的劳动时间,得缩短度假和休闲。这种情况下,机会、分配是很不对等的。这样的政策会引发严重的后果。所以讨论我们这个领域里的问题,不能只讨论是否有效率,得考虑能否过得了政治这一关。

政治学本来是大学中非常重要的教育内核,我们为什么能够成为一个共同体,彼此之间的相互义务是什么,我们为什么要互相照顾,有哪些边界。这些问题恰恰是在上大学时最关心的,卧谈的时候谈最多、争论最多的,但可能又是没有认真深入思考的部分。所以,学好经济法要深刻理解这种政治组织的不同所带来的特点。

举个最简单的小例子。开车为什么要系安全带?为什么有气囊?为什么有防撞措施?你们可能会说这天经地义,是保护消费者的权利的举措。但可以看下福特的 T 型车,20 世纪 20 年代的车没有这些装置。为什么会这样?这是美国高速公路管理局塑造的模式。

在我看来,大部分的车祸都是因为路没有修好。有实证研究的结果支持这个观点。那为什么就不能把路修好一点,从而要把注意义务转嫁给司机呢?因为这是美国高速公路管理局的思路。美国最早有高速公路,这一套监管的模式由美国高速公路管理局最早创造出来。担任高速公路管理局局长的是一个非常强的政治人物。一般来说,组建一个管理机关首先要保护产业,这叫作"保护人政治"。比如航空公司和中国民航局之间的关系。因为航空公司的利润很高,产业需要发展。那能不能多保护一点乘客呢?很难,每个乘客身上的收益太少,并且消费者之间不容易联合起来。在这种情况下,大部分的管制机构一开始都是要保护生产者的。等到消费者越来越多、生产者越来越多,这时候生产者增长速度不如消费者增长速度快时,才会慢慢转向以消费者为保护对象的"企业家政治"类型。

美国高速公路管理局的这个领导人政治性特别强,自上任开始就不保护各大汽车产业,而且发布了一系列报告,其观点是发生车祸,造成人员死亡了,原因就是车辆不过关。于是不断地要求汽车要少出事故,为此应该达到什么样的标准,所以有了今天所使用的气囊、安全带等,这些都是由这个机构推动形成的。

同样是解决一个问题,为什么采用这个方法而没有采用那个方法呢?同样有两种解决问题的方法,为什么选择这一种?很大程度上是由各种各样的政治原因造成的。这些政治原因,有时候是来自投票,有时候力量来自舆论,有时候来自专家。所以并不是有了需求就自动产生了供给,这个供给需要其他东西,而在这个过程中政治常常扮演着很重要的角色。

这是第二个大的进路,你需要了解很多的政治学理论。

商业进路

第三个进路是商业进路,学好经济法需要有关商业的知识。为什么说商业和经济学不同?因为商业是活生生的现实所不断创造的,而我们没有很好的学科处理理解商业的问题。那怎么来学习呢?你总要看一本公司管理的书,看看业务流程重组、市场营销等。不需要你很专业,但至少知道这个概念,企业究竟是怎么定价的,企业究竟应该是怎么样的,市场怎么样发展等。所以商业是需要去理解的。

下面举一个例子。比如我收藏的一份《纽约时报》,2006 年 8 月 29 日的里面有一个广告。报纸上有一家公司 A 说"我的手机带宽 5 倍快于别家公司,赶快来获得全国最大带宽的手机"。到 9 月 5 日广告就升级了,从黑白版变成彩色版,这时两家公司列举了一些指标,B 公司在这些指标上说"我是 YES 他是

NO”。同一天还有一个反击,大家可以看下,A 公司又说“如果对方是 high speed,那我就是 high – high – high – high – high speed”。8 月 29 日广告是第一个广告出来的日期,第二份是 9 月 5 日。这是比较广告,肯定涉及反不正当竞争问题。在美国这样一个法治国家,为什么在 8 月 29 日 A 公司发动第一波攻击的时候,对方不是去法院,而是在 9 月 5 日发动这样的“口水战”反击呢?不是有法律吗?因为法律太慢了,等把官司打完,市场可能就被对手占领了。所以商业的力量很强大,直接的应对是用彩色的广告反击回去,而不是去法院。当然这个案子也有法律解决的层面,最后两家公司是去商会下面的一个仲裁机构解决的。说不定到那儿,两家觉得销量都得到了提高,握手言和了。法律说禁止比较广告、不能诋毁他人,既然有这一条,为什么还会出现这类情况呢?因为法律对商业的调控能力非常有限,商战有商战的逻辑。

为了学习好商业,你需要经常读一读商业史、金融史、保险史等,因为这些是已经发生的事情,在这些总结的历史过程当中,你会慢慢地感受到商业实际是如何运作的。比如一些经典的书《看得见的手》,从中可以看到美国大企业是如何成长起来的。所以如果你要想了解商业,就要对过去的商业进行了解。现在进行的、正在发生的那些商业现象,我们可以多看看商业性杂志、商业性报纸加以了解;可以多看看《财经》《21 世纪经济报道》等各个报纸的财经版,知道现实生活在发生什么。然后去考虑为什么和你脑子里想象的标准不一样。这些商业记者、财经记者也要受一点点训练,以便有更好的法律和经济思维,也就是经济法思维。中国的商业报道、商业调查水准也是在不断提高的。

商业的进路是三个进路里最难学的,因为它是时刻变动的、没有规律的,只有历史,但这就是魅力所在。比如共享经济出现了,究竟什么是共享?为什么中国的共享经济和别国的共享经济不一样?只有当你有了法律知识、经济学的知识,你才能知道这样的模式的区别之所在。

真正要把经济法学好需要立足现实。如果你喜欢反垄断的问题,喜欢国有企业的问题,可以找专门的部门法来学。当下最火的几个问题诸如国企改革、PPP、平台经济问题,这些都是我们当下经济生活当中最热门的问题,与经济法直接相关。做学问最终是要去改变现实,有一个对现实需要的回应。你真正参与到这里面去,需要有很多知识积累。但要想学好,对它有兴趣,去挑战一些问题,那么除了学好法律,我讲的这三个进路,包括解释这些问题的新思路、看法,都要从这几个大学科里面不断地汲取营养。

当然,其他学科如社会学、人类学甚至今天的信息科技对我们有没有帮助?有很多工科的知识、理科的知识对我们也有帮助。但和经济法直接相关的,在历史上和我们融合在一起,并且在未来一定也是更紧密地融合的,就是我讲的这三大进路。

▣ 阅读指引

☐ 著作

1. [法]阿莱克西·雅克曼、居伊·施朗斯:《经济法》,宇泉译,商务印书馆1997年版。

   阿莱克西·雅克曼的《经济法》原为法文著作,最早出版于1970年,时间虽显久远,但其对经济法的概念及其体系进行了初步探索,对经济法概念的起源、经济与法律关系以及促使经济法发展的因素等进行了探讨,特别是对欧美等缺乏形式上系统"经济法"体系的国家中的经济法概念进行了探索,是了解经济法形成以及经济法学早期研究不可或缺的著作。

2. [美]劳伦斯·弗里德曼:《二十世纪美国法律史》,周大伟等译,北京大学出版社2016年版。

   劳伦斯·弗里德曼是美国知名的法律史学者,该书系统介绍了20世纪美国整个社会经济政治方面的变化及其在法律层面的反映,涉及过往百年中美国法律所触及的各个社会层面,对于了解美国法律变迁的社会文化脉络,特别是从进步主义、新政及管制国家的兴起、里根改革与放松管制等不同阶段理解反垄断等经济法内容的产生、发展具有整体视野上的帮助。

3. [美]伯纳德·施瓦茨:《美国法律史》,王军译,法律出版社2007年版。

   同《二十世纪美国法律史》一样,该书主要从社会变迁的不同阶段考察不同社会政治经济背景下美国法律领域的变化,不过关注的时间维度更长,包括从建国到当代不同阶段,内容更加简洁,聚焦法学院模式、法律职业、法院的风格以及公法私法法律文本及其解释本身方面的变化。可同《二十世纪美国法律史》一起进行学习,了解社会经济变迁,以及经济法在这种变迁中产生的条件基础。

4. [美]詹姆斯·Q.威尔逊:《美国官僚组织——政府机构的行为及其动因》,张海涛等译,中国社会科学出版社1995年版。

   詹姆斯·Q.威尔逊是美国公共管理领域的权威学者,其对美国不同的官僚组织有着细腻的观察以及令人耳目一新的解读,解释了政治环境、组织机制、领导人风格、组织文化等之间的互动关系。该书有助于理解管制机关在作出管制决策时所处的政治环境、利益集团影响以及面临的人员、知识约束等因素。本书将有助于经济法学习,帮助读者从机构的角度理解一项管制政策的动议、出台与执行。

5. [美]尼古拉斯·麦考罗、斯蒂文·G. 梅德玛:《经济学与法律:从波斯纳到后现代主义》,法律出版社2005年版。

对法律经济学领域中主要的学术思想与流派进行了介绍,是了解法律经济学的主要思想轮廓与学科脉络比较简洁实用的读本。本书的阅读有助于为经济法的学习者打下经济学进路上的一些基础知识。

6. [美]小罗伯特·B. 埃克伦德、罗伯特·F. 赫伯特:《经济理论和方法史》(第4版),张凤林译,中国人民大学出版社2001年版。

系统阐述经济思想史的教科书,其内容具有充分的时间跨度,有助于系统了解经济思想的整体演变以及前后的发展与批判脉络,其全面地考察了从古至今各种经济理论的成因、特点和代表人物,扼要介绍了各种经济分析方法,体现了经济分析方法演进的连贯性。

7. [美]詹姆斯·A. 卡波拉索、戴维·P. 莱文:《政治经济学理论》,刘骥等译,凤凰出版传媒集团、江苏人民出版社2009年版。

不同的政治经济学理论同时关乎对政治体与经济体的想象,涉及对政府与市场互动关系的不同理解。通过该书可以对古典分析方法、马克思主义政治经济学、新古典政治经济学以及凯恩斯主义政治经济学等的假定、推演与结论进行概括性学习,该书后半部分围绕权力、国家、正义等概念展开分析,能够为学习者搭建一个概念方法上的思路框架。

8. [美]小艾尔弗雷德·D. 钱德勒:《看得见的手——美国企业的管理革命》,重武译,商务印书馆1987年版。

钱德勒是著名企业史学家,该书系统论述了美国企业组织管理方式的变革,其对不同行业、不同生产流程的详实梳理介绍有助于大家理解现实商业的开展,了解现代工商企业制度的形成与具体运作,有助于经济法商业进路上的学习。

网站与公众号

1. 中国人民银行:http://www.pbc.gov.cn/。
2. 中华人民共和国财政部:http://www.mof.gov.cn/index.htm。
3. 国家税务总局:http://www.chinatax.gov.cn/。
4. 中国证券监督管理委员会:http://www.csrc.gov.cn/pub/newsite/。
5. 中国银行保险监督管理委员会:https://www.cbirc.gov.cn/cn/view/pages/index/index.html。
6. 中华人民共和国商务部:http://www.mofcom.gov.cn/。

7. 中华人民共和国国家发展和改革委员会：https://www.ndrc.gov.cn/。

8. 国务院国有资产监督管理委员会：http://www.sasac.gov.cn/。

9. 国家市场监督管理总局：http://www.samr.gov.cn/。

10. 中华人民共和国工业和信息化部：https://www.miit.gov.cn/。

经济法的学习研究需要紧密追踪了解主要政府机关以及产业与行业规制机关的动态，建议关注以上主要规制机关的官方网站，了解其职能架构、管辖范围与法律权限，关注其发布的监管规则以及执法案例动态。

11. “北京大学经济法”微信公众号。

北京大学经济法学发布学术动态的微信公众号，主要关注并推送经济法领域的前沿研究动态与较经典的学者文献成果，有助于了解追踪经济法领域内的研究热点与前沿问题。

学习金融法需要理解交易的逻辑

彭冰

关于作者

彭 冰

北京大学法学院教授，博士生导师。华东政法大学法学学士（1993年）、北京大学经济法学法学硕士（1997年）、法学博士（2000年）。主要研究领域为金融法、证券法、公司法。

2000年开始在北京大学法学院任教，主讲以下课程：（1）初阶讲授类：银行法/金融法；（2）高阶研讨类：金融法概论、证券法专题研究、公司法。

本文主要包括两方面的内容:一是对金融法重点内容的回顾和总结;二是对金融法四大难点问题进行讲解。

■ 金融法的体系

金融法的课程主要分为三部分:第一部分是中央银行法,重点讲解货币法、外汇管制和反洗钱;第二部分主要讨论间接融资的法律制度;第三部分介绍直接融资的法律制度。

间接融资就是通过金融中介机构来沟通社会上的闲散资金,满足资金短缺方的相应需求。理论上这样的金融中介机构会有很多类型,但是经过市场几百年的淘汰和选择,现在比较成熟的、能够得到人们普遍认可的主要是三类金融中介机构:商业银行、保险公司和投资基金。它们有不同的商业模式,有不同的交易安排。

其中商业银行是最重要的。商业银行向公众吸收存款,承诺还本付息,然后用收集的钱去发放贷款,赚取贷款和存款之间的利差。存款人不需要承担借款人的风险。大多数公众没有能力识别具体借款人的风险,因此在商业银行模式下,商业银行隔离了存款人和借款人,存款人只需要相信商业银行会还钱,把钱放在商业银行。然后商业银行动用它的商业力量去识别借款人的风险、发放贷款。当然,如果贷款发放不成功,商业银行也会有损失,甚至可能会破产。但是因为商业银行在社会上的重要地位和巨大影响,政府会对其进行监管,目的是帮助其在社会上树立信心,让公众更加相信商业银行。

假如一个陌生人或者一群陌生人设立了一个机构,鼓励大家把手里的钱投给他们,他们做投资、给大家挣钱,人们会相信他们吗?大部分人是不信的。从商业银行的商业模式来看,让公众相信它很困难,因为资产质量不透明,没有办法取信于公众。所以传统上商业银行都去买大楼,让公众相信它是有实力的。现代商业银行则由政府给予支持。政府提供存款保险制度,承诺在商业银行破产时,由存款保险机构向存款人赔偿损失。在这种情况下,商业银行就不需要大楼了。但这样也有问题,因为商业银行就会有动力去冒险,所以政府应通过监管对商业银行过度承担风险加以限制。商业银行在社会中或者在大多数国家中都是沟通资金闲置方和资金短缺方最重要的金融中介机构,依托于它可以做很多业务。

中国资管业务80%的资金都来自商业银行,因为商业银行有太多的钱,而我国对商业银行发放贷款、贷款的去向、发放贷款的方式有很多管制,所以商业银行就创造了无数的资管计划、理财产品,用来规避这些监管以发放贷款。我们这个社会大部分的资金都来自商业银行,所以各种投资创新基本上都是商业银行贷款的变形。

保险机构是另一种为人们所广泛接受的金融中介机构。保险机构的商业模式主要是通过向社会公众出售保险单,获得资金。保险单是一种合约安排,保险人承诺在投保人支付保费后,在约定的保险事故发生时或者约定的时间向被保险人支付保险金。这也是一种资金融通的安排。举例来说,某人在平常有资金盈余,但在某种风险发生时(如住房失火)或者退休时,则处于资金短缺的状态。保险的安排就是由大家在日常资金盈余状态下支付少量的保费,汇集起来用于在风险发生时补偿资金短缺。对投保人来说,其支付少量的闲散资金,获得保险公司在保险事故发生时对被保险人进行补偿的承诺。对保险公司来说,其通过风险管理获得收益。另外,由于投保时间和保险事故的发生之间往往有时间差,保险公司也可以在这段时间运用保险资金获得收益。实际上,后者在保险业中的重要性越来越突出。在经济发达国家,保险公司,尤其是人寿保险公司,往往是整个社会中最大的机构投资者,是最重要的资金来源之一。

投资基金则是出现比较晚的一种金融中介机构。投资基金要想获得公众的认可很难,因为商业模式很奇怪:资金闲置方把钱的控制权交给管理方(所谓的投资基金),管理人用这些钱做投资,但投资后果(成功或者失败)由投资人承担(资金闲置方),而不是资金管理人承担。换句话说,管理人负责投资和运用资金,但其收取固定的管理费,但投资的成功和失败跟他没有关系。这很奇怪,因为激励很不对称。这个模式要想在这个社会中被广泛接受,一定是这个社会经过很多年的发展和市场竞争,公众对基金管理人、行业本身产生了基本的信任。

中国投资基金行业的发展时间太短。整个金融业恢复不过40年的时间,投资基金业在中国兴起也不过30年时间,这个行业要想立即取得公众的信任很难,这就衍生出很多问题。比如现在监管者要打击刚性兑付,基金管理人为什么要刚性兑付？因为没有办法获得投资人信任,只能用刚性兑付获得信任。

直接融资是资金短缺方和资金闲置方直接发生融资交易的活动。规范直接融资市场的法律主要是证券法,同时必须有公司法相配合。

证券法主要规定了两套制度:强制信息披露制度和反欺诈制度。强制信息披露制度要求发行人必须在发行时公开披露所有相关信息,同时在上市之后还负有持续信息披露义务,其目的都在于保证社会公众能够及时获得充分的信息。立法者试图通过强制让发行人提供充分信息来解决发行人与投资者之间的信息不对称问题。但是证券法只规定了强制信息披露制度,对于如何消化吸收信息,以及投资者的风险识别能力,证券法都没有明确规定,而是留给市场去解决。市场通过发展各种专业性的中介机构,如投资银行、律师、审计师和投资咨询机构,帮助公众投资者消化吸收这些信息。反欺诈制度则通过对虚假陈述、内幕交易和操纵市场等证券欺诈行为的打击,保证信息的真实性。

公司法则通过对中小股东的保护、加强公司治理、保护公司债权人等制度,支持直接融资市场的发展。现代公司法通过建立一套对公司经营者监控的制度来解决资金短缺方的道德风险问题。公司法强制规定了公司经营者(董事、监事、高级管理人员)对于公司(整体股东)的信义义务(fiduciary duty),包括忠实义务和注意义务。

应该承认,无论是证券法还是公司法,在解决融资中的信息不对称问题上,并没有提供令人满意的答案。尽管很多国家都颁布了证券法和公司法,但很少国家自发形成了强大有效的资本市场。

■ 金融法课程的四大难点

金融法课程的结构很简单,但存在四大难点。

□ 难点一:内容复杂、繁杂

金融法看起来内容不多,就是这几部法,但每一部法所涉及的内容都比较复杂。金融法处理的是金融领域资金融通的问题,处理这个问题既会涉及金融监管,也会涉及金融业务。金融监管,主要讨论的是公法领域里的问题,甚至会涉及刑法。金融业务则涉及资金的融通和相关的交易结构。整个金融法处理的就是资金融通,资金怎么样从闲置方流动到短缺方,采用什么样的交易结构、运用什么样的制度设计能够便利它们之间的融通。资金的流通要么通过组织,要么通过交易来实现。所以我们需要用到组织法和交易法。组织法主要涉及金融中介机构,金融中介机构的组织形式、公司治理形式,这会涉及公司法、合伙法、信托法、破产法甚至还有其他更多一系列的相关法律内容。要学好这些内容,可能需要先学过《公司法》《破产法》。而金融交易又涉及物权、担保、合同、侵权甚至消费者保护法等系列内容。对金融交易来说,担保是重要的控制风险方式,所以我们要讨论担保制度、各种准担保制度,以及通过交易机构设计实现担保的功能。

同时因为金融的重要性,在各国金融机构与金融市场都受到了严格的管制,所以又有金融监管,涉及宪法、行政法等一系列的内容。这些内容又跟金融业务交叉在一起。比如你如果以组织化的方式从事金融业务要受到监管,要去获得许可,也就是我们经常讲的牌照。所以金融法研究涉及的是法律各个领域,内容繁杂。如果没有基础的法律知识,学起来确实困难一些。

□ 难点二:要理解交易结构

理解交易结构确实比较困难。我们要从商业的角度来理解交易的实质,为什么要这么做,当事人是怎么想的,商业意图是什么。当事人这么安排交易有各种理由,可能是基于避税、交易安全、合同限制以及其他各种原因。但法律上怎么处理?法律处理的基本逻辑就是交易自由,只要当事人没有欺骗另一方,同时也没有损害公共利益,没有损害第三人的利益,当事人的交易安排就应该得到尊重。这个逻辑很简单。对大多数法学专业的学生来说比较困难的是理解交易实质。

杠杆收购是什么样的交易?这个交易的主体是谁、目的是什么?杠杆收购的主要商业逻辑是:收购人发现了一家上市公司因为经营不善而股价低迷,希望收购它,把它私有化退市,然后在退市之后改善其管理,未来再把它拿去上市。但可以想象,收购一家上市公司将它退市,意味着要把这个公司100%的股权都买到你的手上,或者至少会买到90%以上。一家上市公司的市值一般是在几十亿元、上百亿元,甚至是千亿元、万亿元的规模。因此,收购一家上市公司就需要动用大量的资金,还面临巨大的风险。收购人往往不愿意全部用自有的资金来做这件事(也可能是没有足够的资金),往往需要通过借钱来收购,自己只出一部分资金,主要通过别人的钱来做这个交易,这就是“杠杆”这个词的意思。

当然,出资人也要控制风险。这个交易按照行规是怎么做呢?假设收购交易总计需要100.2元,其中60元来自收购人向银行的贷款。但银行挣的是安全的钱,一般不牟求暴利,要挣低风险的收益,所以银行贷款一般都要求贷款人提供担保。在杠杆收购中,收购人怎么从银行获得这60元贷款呢?一定要提供担保,最方便的就是用收购的股权去担保,还要打折扣。假如我要买100元的股权,而实际上从银行贷款60元,就要把这100元的股权全质押担保给银行。现在收购人获得了60元贷款,但钱还不够,还有40元的缺口。收购人自己当然也要自筹一部分。例如,收购人自筹20.2元。但收购人也要保护自己的安全,他不愿意把这20.2元全部以股权方式投进去。因为股东的钱是投资,公司亏损了就损失了。收购人只会拿其中的一小部分做股本投资,剩下的钱以借款的方式借给公司。所以我们会看到,只有0.2元是股本投资,用来设立收购人的壳公司,其余20元是股东对公司的借款。

现在,银行贷款加上收购人自有资金,已经有80.2元了,但用来收购目标公司还不够,还差20元。这20元收购人还是只能从外面借,一般是去找愿意承担高风险的机构投资者借。银行不愿意冒险,所以收购人就给很高的利息找那些机构投资者。国外杠杆收购很流行就是因为这个途径很便捷。这就是所谓的垃圾债券,我们叫高收益企业债。为什么叫垃圾债券?因为风险大,但收益高。从组合投资的角度来讲,如果保险公司、机构投资者都投的是国债、银行债券,收益并不好,但如果在组合投资里加上一些高风险高收益的债券,控制在一定比例,总体收益就会变得更好。从组合投资角度,机构投资者愿意从整个大盘子里拿出一小部分来投一些高风险的项目,跟买彩票一样,中了很好,不中也没有什么大损失。所以机构投资者愿意投一些高风险高收益的债券。但对银行来说,收购人从机构投资者那里借到的20元,其受偿顺序必须劣后于银行。从而银行不但可以用收购的100元股权作为担保,这其余的40.20元的资金也可以作为银行债权受偿的缓冲。

现在收购人终于筹措到了100.2元资金,可以完成收购了。为什么叫杠杆收购?我们可以看到,整个100.2元里面只有20.2元是收购人自己的,这20.2元里面还有20元是以股东借款的形式投入的,只有0.2元是股东的直接股权投资。算下来,如果完成整个交易、归还所有借款之后,即使只挣1元,收购人的收益率也是 500%（1 ÷ 0.2 = 5）。所以整个杠杆收购交易是一个高风险、高收益的交易。

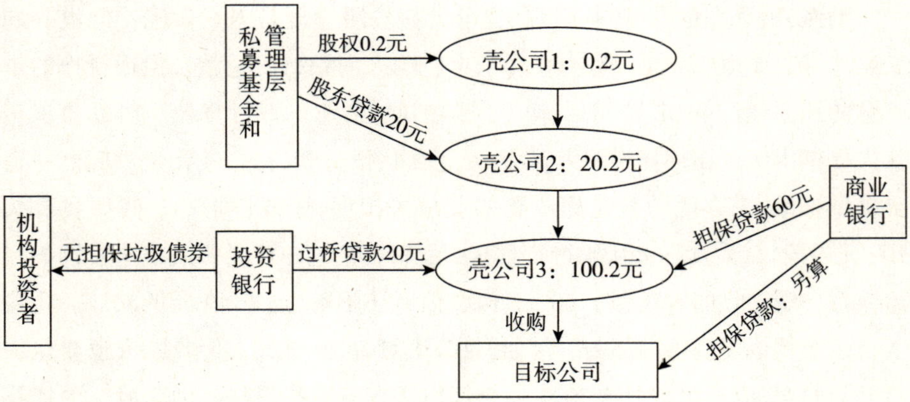

图 1　杠杆收购融资的结构

如何安排这整个杠杆收购的交易呢？一般的交易结构见图 1：中间是收购主体，两边是资金来源。我们从最下面说起：

实际发生的收购是壳公司 3 收购目标公司，壳公司 3 用 100.2 元，对目标公司发出全面收购的要约，买所有股东手上 100% 的股权。壳公司 3 的股本是 20.2 元，其余 80 元是借来的。

其中从银行借 60 元，债务人只能是壳公司 3，因为壳公司 3 是收购主体，收购完股权是在他的手上，需要用股权给银行做担保。

另外 20 元要从市场上借，本来应该发无担保的垃圾债，就是高收益债券。但是正常情况下一般不会这么做，因为发债券有一个过程，要宣传推销，也要信息披露，会事前泄露你的收购目标，但一般要先把钱筹足才能发要约。所以只能找投资银行先借一笔过桥贷款，就是短期借款。在收购完成之后，投行再帮壳公司 3 发垃圾债，把这 20 元以卖债券的方式从机构投资人手上拿回来，把过桥贷款还掉。这个 20 元是没有担保的。对方会信任你，一定是觉得这个交易大概可行，有一定的可行性。

为什么要用壳公司 3 来收购，把所有借款都放在这个层级？当然是风险的考虑。真正的收购人是图 1 左上角的私募基金和管理层。成立壳公司 3 目的是隔离风险。交易完成后，壳公司 3 会被合并入目标公司，这样最后剩下来的是壳公司 2 持有目标公司的股权。如果最终交易失败，壳公司 2 破产，收购人就只损失 0.2 元，因为 20 元是股东借款。

但商业银行和投资银行会不太愿意,因为股东本来自己要拿20元出来,跟银行一起承担风险的,甚至应该在清偿顺序上比银行和机构投资者劣后。所以股东贷款会放在上面一层(壳公司2),这是结构性安排。因为如果壳公司3破产,银行和机构投资者的债权就可以直接申报,而母公司的20元是股权,只能劣后受偿。

收购人为什么愿意劣后?这要考虑两个层面的问题。第一个层面,要考虑其他债权人,要把其他债权人说服。所有商业交易都是自愿交易,要让别人愿意借钱给你,愿意买你的债券。或许对方会想,你自己投吗?如果自己不冒险,只拿0.2元来承担风险,其他人可能也不会愿意参与。所以你也要投20.2元。但收购人也有他的考虑,他可能觉得全以20.2元投进去,损失了就都损失了,所以我只愿意投0.2元作为股本,20元以借款的方式投进去,损失之后多少可以拿一部分回来。所以采用股东贷款的方式。但这个股东债权必须劣后于其他人的债权,才能说服别人。所以设计两个层级,20.2元在壳公司2层级区分为0.2元的股本和20元的股东贷款,在壳公司3层级,则全部表现为股本投入。第二个层面,要考虑的是如果交易到后来无法进行下去,还可以转给别人,用公司股权转比的方式比转移资产的方式要好很多。所以可以再设一层壳公司1,以后将项目转给别人时,直接转上面的股权就行,干净利落。

SPV(Special Purpose Vehicle,特殊目的实体),其实就是所谓壳公司,公司被法律上视为一个法人,跟人一样,但其实只是一个壳,所以转让它或者用它做交易的时候相对简单,签一个股权转让协议就解决问题。如果转让一个具体的项目就很复杂,要有资产清单,例如,多少资产、多少负债、怎么转移,转移负债还需要债权人同意,交易进行会很困难。如果把整个资产装在一个公司名下,未来转让这个公司的股权,就不需要征得债权人的同意。因为对这些债权人来说债务人没有变化,还是公司,只是公司实际控制人变化了。所以聪明的债权人也会签订协议对此加以限制,要求公司控制人如果发生变化,也要经过其同意。但不是所有债权人都会这么做。

图1最右下角为什么还会有商业银行对目标公司的担保贷款?这是因为目标公司可能有一些以前贷款合同的限制,其债权人就像上面所说的,已经在贷款合同里要求目标公司的实际控制人变化需要其批准了。因此,收购人担心如果收购成功,就必须取得这些债权人的认可,但现在谈判可能比较困难,因为这些债权人可能乘机讹诈,如要求提前还款或者将无担保贷款变成担保

贷款之类的。所以，干脆请求前面支持杠杆收购的商业银行再给目标公司一笔贷款，把原来的贷款替换掉，但这要用目标公司的资产给银行提供担保。

整个交易结构就是这样的，看起来很复杂，其实每一步都是有道理的，都是有商业考虑的。

杠杆收购交易还有一个很关键的步骤。杠杆收购交易的商业模式是要退市之后，通过改善目标公司的管理，再去上市。在这个过程中，要不断地去还商业银行、机构投资者的债券，这主要依靠目标公司的现金流。所以杠杆收购的目标公司一定是个现金流很充足的公司，有足够的现金流用于日常还银行贷款。但这些贷款是壳公司3的，不是目标公司的。用目标公司的钱去还股东的贷款，难道不构成侵占公司资产？中国实践中，例如张海收购健力宝案，张海用健力宝的钱还他的贷款，就因职务侵占罪、挪用资金罪被判刑。因此，整个杠杆收购交易中，从法律角度来讲有一个步骤很重要，就是吸收合并。收购人在收购完目标公司股权之后，要把壳公司3吸收合并到目标公司里，只保留目标公司。这个在商业上没有意义，因为不创造任何价值。但在法律上有意义。你用目标公司的钱还银行和机构投资者，不符合法律规定，因为是用公司的钱还股东的负债，在法律上是违法的。而通过做一个吸收合并，把壳公司3吸收合并进目标公司，法律上的效果就是，根据《公司法》的规定，合并之后的公司对合并之前公司的债务承担连带责任。换句话说，合并公司后，壳公司3所借的80元债务，在法律上就变成了目标公司的债务，这样吸收合并之后，目标公司用自己的钱还自己的债，就是合法的，当然也就不会存在侵占资产和挪用资金的问题了。

□ 难点三：理论与中国实践的反差

理论上讲起来是一回事，但在实践中可能没有用处或者实践中根本不是这么做的。比如《公司法》有一章叫"外国公司的分支机构"，一共9个条款，但那一章在中国现实中就从来没有适用过。虽然《公司法》规定了"外国公司的分支机构"，但因为商务部负责外资审批，所以这章的内容要在中国落地，需要商务部出台行政规章，规定批准、注册流程。但这个规章，1994年国务院决定由商务部起草，到现在仍未出台。所以，现实中没有外国公司的分支机构能够在中国注册设立。《公司法》写了一章，但现实中因为没有具体规则，所以从来没有发生过效力。

我们前面提到过保理,很多同学对中国的保理不能理解,这是因为保理在中国其实就是商业贷款的变形,不是典型的保理。

历史上保理是因为跨国贸易而在美国产生的。当年美国是英国的殖民地,英国商人出口很多商品到美国去卖。但英国商人自己去卖成本很高,所以在当地雇用了很多商业代理人,让美国本土的人帮忙卖货。这是很正常的进出口贸易。但是卖货过程中有时候就收不上来钱,或者为了卖得更多,以赊账的方式来卖,这导致英国商人就没有流动性现金。所以美国本土的商务代理就提供这个服务,他们把钱给英国,但是以后收账的钱归他们所有,由他们收账。这在法律上就是应收账款的转让。这个交易能成立就是因为商务代理认为它一定能把钱收回来。为什么他能收回来?因为在本地,他对这些欠款的商人很熟悉,所以能把钱收回来。而如果英国商人跑到美国来找这些债务人要钱,成本很高,又不熟悉,就可能收不回来钱。所以英国商人干脆折价把这些债权卖给美国本地商务代理,以便其能够快速回款。本质上,这是基于对买方的信用审查而提供的一笔融资,保理商挣钱的能力体现在其对应收账款的债务人很熟悉,能从他手上把钱拿回来,所以愿意买这些应收账款。因为应收账款本身的价值是不确定的,价值完全取决于债务人是否还款。如果债务人能够正常还款,应收账款的价值就很高;如果债务人不还款,破产了,应收债款就不值钱。所以一定是基于对买方(债务人)的信用审查。然后在保理上附加出其他功能,比如资信调查、债务税收,但核心是融资。

典型的保理是双保理,一般是跨国贸易,有出口保理商和进口保理商。出口保理商对进口那一方不熟悉,所以找自己的银行或者保理机构签订协议。进口商也要跟进口保理商签订协议。保理能发生一定是进口保理商对进口商的信用有信心,由进口保理商据此确立额度。一般是进口保理商调查进口商的资信,评估确认其信用额度,然后出口保理商才会买应收账款,买的目的是转给进口保理商,由进口保理商对进口商追债。

在中国现实中,最多的保理类型是卖方单保理。

在中国做保理比较有优势的是商业银行。银行做这件事有两套逻辑:一套是正常的逻辑,比较典型的是银行围绕着自己的大客户形成供应链金融,如生产手机的A公司。A公司肯定有很多配套的零部件供应商,这些都是给A公司提供零部件供应的中小企业。A公司如果为每一笔供货都立刻支付现金,资金占用很大。一般是A公司与中小供应商签一个年度结算协议,一年结算一次。这些中小供应商在每年结算之前,只能在供货后取得应收账款,债务人是A公司。但问题是中小供应商也缺少流动资金,卖货一年后才能拿到钱,中小供应商也很困难。这时候,银行就可以来提供保理服务。银行从这些中小供应商以8.5折或者9折的价格收购针对A公司的应收账款。这些中小供应商当然很高兴,虽然打了折扣,但能拿到现钱。银行为什么愿意购买这些应收账款呢?因为A公司是这家银行的客户,银行对其信用很了解,确信A公司一定会给钱。这种安排对A公司来说也很好,可以帮助稳定供应商。否则因为A公司的欠款,这些中小供应商如果支持不下去,A公司也需要寻找新的供应商。所以供应链金融是比较靠谱的。这个保理是一个很正常的保理,以买方信用(A公司这样的大厂商信用)支持起来的应收账款保理业务。

但中国现实中大部分保理不是这么做的。一般是银行的客户缺钱,假如A公司缺钱,尽管A公司卖了很多货,然而收不回来钱。正常情况下,银行应该放贷款解决,然后用A公司手上持有的应收账款做质押,这是最正常的贷款业务。但这么做有两个问题:第一,这么做并不一定安全,因为银行并不知道应收账款质量如何。比如A公司卖了一批手机给经销商,经销商欠A公司的货款,但这些经销商并不是这家商业银行的客户,这家商业银行对这些经销商的信用并不了解,不知道这笔应收债款应该值多少钱,打多少折扣合适。第二,银行现在受到很多管制。例如,监管者规定银行不能总做贷款业务,应该多样化。监管评估的时候,如果某银行的收益不是来自贷款利差,而是来自中间业务的费用,该银行的评分就会上升。而贷款有各种限制,如总额限制。所以银行把贷款做成保理业务,从A公司买这些应收债款,收益是保理收益,是一项新业务,不是贷款。看起来银行就很创新。

这显然不是真正的保理逻辑。在这个逻辑下,这其实是一个基于卖方信用来做的贷款担保业务。银行对应收账款的价值没有任何认识,因为卖方是债权人,银行对债权人认识再清楚,对应收账款的价值评估来说也没有意义,因为应收账款的价值取决于债务人而不是债权人。所以在这样的卖方单保理安排下,银行为了资金安全,会要求卖方为收购的应收账款提供担保,承诺在应收账款不能回收时由卖方回购这些应收账款。因此,银行收购这些应收账款主要是基于卖方的信用而不是买方的信用,其实就和向卖方发放贷款没有本质区别了。

□ 难点四:业务发展迅速和法律相对落后

金融业是一个快速发展的行业,基于技术进步以及基于对监管的规避和各种创新,业务发展非常快,几年就有大变化。但是法律修改是很难的。

我们的法律没有办法应对现实中金融的快速发展。金融法面临的最大矛盾是:金融技术突飞猛进的发展速度和日新月异的创新模式,与落后法律、监管惰性之间的矛盾。这导致理论与实践脱节,也导致法律和监管没有办法有效应对金融的最新发展。

举个例子,互联网金融。我认为有两种金融创新:一种创新是传统型的金融创新。传统金融机构会发展出一些金融新业务,这种新业务会慢慢地被监管部门认识,然后纳入监管,通过法律进行调整。这类似于资管计划,其实就是传统的金融机构创造出的新业务模式,然后监管部门承认它或者默许它,在发现风险后,就调整监管政策。另一种创新是空白型金融创新,是在传统金融机构之外发展起来的。比较典型的例子是信用卡。信用卡不是金融机构发明的,是一个老板发明的。他去吃饭没有带钱包,没有办法付账。他就想:我们这样的知名人士为什么天天带着钱包,为什么不能刷脸?当然,当时技术还不能支持刷脸支付。所以他就开始开发信用卡,用这个卡代表身份。老板成立俱乐部,每个人发放一张卡,这个俱乐部去和很多餐厅谈判签约,安排定期结算。持卡人去签约的餐厅吃饭,就不用付现金,刷卡记账。后来银行就发展出信用卡。这是真正的创新。

互联网金融就是这样,是在金融领域之外由非金融机构发展出来的业务,在功能上可以起到金融业务的功能。对于监管者来说,困难在于很难界定创新的业务是否为金融业务。在信用卡例子中,老板开一家俱乐部肯定不是金融业务,俱乐部里每人给一张卡,持卡人在餐厅吃饭可以打折、可以定期结算付账,这好像也不是金融业务。但信用卡慢慢就演变成金融业务。在淘宝上购物,支付宝来帮购物者结算资金。算不算金融业务?一开始没人认为是,慢慢大家知道这件事是支付结算功能,监管者才说这是金融业务。

在传统金融机构之外,以互联网公司为主体的企业,开发出了一些新业务,而这些业务具有金融功能,被视为金融业务,也就是所谓的互联网金融。我可以把它分成四大类:第一类是网络支付,也叫第三方支付。比如支付宝、微信红包。第二类是金融产品的网络销售。传统的金融产品销售一般都是通过各种金融机构，主要是商业银行，卖理财、基金、保险，但是网络使这些产品销售的成本大幅度降低。这使整个金融产品销售的方式发生了重大变化。余额宝其实就是一个金融产品的网络销售，把货币市场基金放在网络上销售。以前如果要买货币市场基金，只能去证券公司或者去银行，你说买100元的理财产品，不会有人理你，因为成本很高。但现在网上1元就卖，你买1元的理财产品不会有人歧视你，为什么？因为成本低。第三类是投资型众筹，是在网络上点对点的融资，资金的短缺方和资金的富裕方直接发生交易。这里面分为两大类：一类是债权型，固定还本付息，即P2P（Peer to Peer Lending）。另一类是没有固定还本付息，即股权众筹。第四类是虚拟货币，包括加密货币、数字货币。

针对这四大类，监管者有三种应对方式。

第一种应对方式是创新型的监管模式，监管者认识到这些新出现的业务是金融业务，然后试图监管。但是又不能用传统的方式去监管，所以创造出相匹配的新监管方式来监管，以支付宝为例。2004年支付宝出现时，大家对它并没有清楚的认识。后来，监管者认识到它属于支付结算，应该纳入金融监管范围，于是规定支付机构要获得行政许可，拿到牌照之后才能从事支付结算业务。而拿到牌照之后，也要对其进行相应的监管，如备付金监管等。传统支付结算没有备付金监管，假如你到银行刷卡，银行并不需要把你银行卡的钱用备付金的方式存储起来。但是监管者认为第三方支付机构不是银行，没有像银行那样接受监管，所以就对其采用了新的监管模式：备付金监管，不允许第三方支付机构挪用这些备付金，而且备付金必须存到商业银行，以保证客户支付结算安全。这就是针对新的金融业态，采用了新的监管模式。

第二种应对方式是严格禁止。所谓严格禁止其实不是直接禁止，而是在认识到这个业务是新的金融业务之后，坚持适用传统的监管模式。但这个新业务不能符合原有的监管模式，所以只能被禁止。

比较典型的是股权众筹。股权众筹是一种面向公众的公开发行证券的活动。证监会清楚认识到了其性质，但证监会并没有为其制定特别规则，而是参照《证券法》的规则。而《证券法》的规则是所有向公众公开发行证券的必须符合法律条件，向法定机构申请然后予以核准。例如，我们熟悉的IPO（Initial Public Offering，企业证券的首次公开发行），企业需要到证监会申报，证监会认定是否符合条件，包括连续三年盈利、业务规模必须有多大等。从事股权众筹的企业显然不可能符合这些条件，所以根本就不可能获得核准，也就是不能做。证监会也试图通过试点办法来推进，但前几次试点都取消了，没有成功。立法者也试图修改《证券法》，对股权众筹予以豁免，但是这次修法也没成功。所以到目前为止，在中国股权众筹是完全不合法的。

第三种应对方式是运动型治理模式。先不予监管，静观其变看效果，如果爆发了风险，并且有继续蔓延趋势，再来重点打击。金融业务跟一般业务不一样，基本上风险很大。如果没有约束、没有监管地展开，一定会是一个劣币驱逐良币的过程，最终一定会爆发风险。

P2P 在中国的发展就是这样的过程。2007 年 P2P 就出现了，2011 年引起了监管关注，银监会（现为银保监会）发布风险提示，但一直没有出台监管规则。2015 年风险开始爆发，“e 租宝”等开始出现。2016 年 4 月准备治理整顿，但实际上没有办法治理整顿，因为没有规则，所以 8 月出台了规则。因为是在治理整顿背景下出台监管规则，所以这个监管规则的门槛很高。2016 年 8 月出台规则时，给了一年整改期，在这个过程中，P2P 的风险集中、成批地爆发。最终导致全面清理 P2P。这就是运动型治理模式。

可以看到，最好的应对方式是创新型监管模式。真正的积极进取型的监管者首先要认识到这个业务是一个新业务，然后要创新监管方式才能去应对它。这对监管者的要求很高。这是第四个难点。

■ 阅读指引

权威教材

1. 吴志攀主编：《金融法概论》（第 5 版），北京大学出版社 2011 年版。

国内体例上最为全面的教材，虽然因为金融法律变化很快，法条内容有些过时，但基本理论并没有很大变化。

2. [英]菲利普·伍德：《国际金融的法律与实务》，姜丽勇等译，法律出版社 2011 年版。

国际金融法方面比较权威的教材。在国际金融法律领域，英美法一直是主要适用的准据法，这本英国人写的著作就显得尤为重要和权威。

3. [英]艾利斯·费伦：《公司金融法原理》，罗培新译，北京大学出版社 2012 年版。

从公司融资角度介绍金融法的相关知识，虽然对金融机构内容介绍的不多，但也涵盖了金融法领域的大部分内容。金融应该为实体经济服务，从公司融资角度来看金融法，更容易理解金融法的运作逻辑。

回 相关著作

1. 楼建波：《金融商法的逻辑》，中国法制出版社 2017 年版。

   楼建波教授通过对案例和具体法律问题的分析，展现交易的逻辑，可以帮助读者更好地理解金融法的运作。

2. 刘燕：《公司财务的法律规制：路径探寻》，北京大学出版社 2021 年版。

   从财务和法律结合的角度，分析了金融法中的一些问题。作者精微细致地分析，有助于读者更深入地理解法律运作的细节。

3. [美]斯蒂文·L. 舒瓦茨：《结构金融：资产证券化基本原则》，倪受彬、李晓珊译，中国法制出版社 2018 年版。

   资产证券化是间接融资向直接融资的转化，其中涉及各种法律问题，对资产证券化的研究，有助于理解金融法运作的逻辑。本书是国际上关于资产证券化最为权威的著作之一。

4. 陈孝周编：《借款人、贷款人与贷款协议》，中国金融出版社 2002 年版。

   关于贷款合同内容最为全面和细致的介绍，有助于理解贷款合同的条款和结构安排。

回 微信公众号

1. “北京大学金融法研究中心”公众号。

   北京大学金融法研究中心的微信公众号，主要发布金融法研究中心老师和学生的各种研究成果，跟踪金融法发展的最新热点问题。

回 网站

1. 新浪财经新闻，https://finance.sina.com.cn。

   热点财经新闻总是涉及法律问题，通过阅读财经新闻，思考其中涉及的法律问题，有助于对金融法的学习。

北大法学进阶

劳动法的关系与主线

阎天

关于作者

阎　天

北京大学法学院助理教授、院长助理，北大—耶鲁法律与政策改革联合研究中心主任。耶鲁大学法学博士、法学硕士，北京大学法学硕士、法学学士，曾任北京大学法学院博士后研究人员。

2014年起参加教学工作，研究劳动法、宪法、行政法，以中英文开设相关课程。著有《川上行舟——平权改革与法治变迁》《美国劳动法学的诞生》等，译有《反就业歧视法国际前沿读本》《黑暗年代：再造耶鲁法学院》等。

本文以选修“劳动法与社会保障法”课程的同学们提出的学习中遇到的各种问题和困惑为基础，重点提炼和讲述了学习劳动法的六类疑难问题：第一，课程建设相关问题；第二，劳动法总论；第三，劳动关系的概念；第四，劳动关系的建立；第五，劳动关系的终结；第六，集体劳动法、外国劳动法、社会保险法等相关问题。

■ 课程建设问题

关于课程建设问题，很多同学希望把握劳动法的框架。我认为，整体性地理解劳动法框架，要点在于抓住一条主线并厘清一对关系。

一条主线是指劳动关系。劳动法对于劳动的规制是从定义劳动关系开始，到规制劳动关系的过程，再到规制劳动关系的规制内容，最终解决在劳动关系规制中产生的争议，从而建立了一条完整的线索。劳动法从民法中借用了许多概念，劳动关系与民事法律关系显然有异曲同工之妙，虽然并不能简单等同起来。在实务中，任何一个劳动法律师在遇到疑似劳动争议的案件时，第一步即判断该案件中是否存在劳动关系；若不存在劳动关系，可能需要考虑把案件转给负责普通民事争议的律师。

一对关系是指约定与法定的关系，这是学习和掌握劳动法的关键。二者的关系是约定不能排除，但待遇可以优于劳动者的法定权利。一方面，劳动关系中许多内容是通过约定来确定的，劳资双方可以通过合意方式自治地决定劳动关系的内容。比如，甲可以自己和用人单位订立劳动合同，工会可以代表甲同用人单位签订集体合同，用人单位的劳动规章也被视为劳动合同的附件，它们都可以对劳动关系的诸多内容作出约定。另一方面，劳动法上许多内容又都是法定的。比如，我们常提到的最低工资；又如，关于休假的规定，国家规定每一年休 11 天的节假，如果用人单位要求员工在这些天加班，则需要支付 3 倍工资。劳动法的一个重要特征是约定不能排除劳动者的法定权利。10 多年前，有一种常见的社会现象是所谓“生死合同”：矿工下井挖煤之前，要与矿主签订一个合同，约定如果工人因下井出事故而死，则不需要矿主承担任何责任。作为牺牲的对价，工人可以得到很高的工资。“生死合同”并不合法，因为即使可以证明劳动者签订该合同完全是出于本人意愿,但合同条款通过约定排除的是劳动者在安全生产方面的法定权利,所以是无效的。约定虽然不能排除法定权利,但是可以赋予劳动者优于法定权利的待遇。比如,某地规定最低工资是每个月 2200 元,如果用人单位与员工约定每个月给他发放 1 万元薪水,是没有问题的,因为约定待遇高于标定标准。劳动关系这条主线,以及约定与法定这对关系,是掌握劳动法整体框架最主要的线索,希望大家在学习各项具体制度时牢牢把握住。

另外,由于教学时间有限,老师不能在课堂上讲解很多实务案例。如果同学们对案件感兴趣,推荐查阅各地法院发布的"年度劳动争议典型案例"。在劳动法资料方面,建议阅读顺序是:首先从法条读起,核心是《劳动法》《劳动合同法》《就业促进法》《劳动争议调解仲裁法》,以及最高人民法院关于劳动争议审判方面的 4 个司法解释。其次,可以参考司法考试辅导机构的教本,虽然其内容局限在常考内容范围内,对劳动法核心以外的周边知识介绍过少,但是便于初学者掌握主线。再次,可以阅读马克思主义理论研究和建设工程的劳动法教材,该教材代表了学术界主流观点。最后,推荐大家关注"劳动法苑""子非鱼说劳动法"等公众号。"劳动法苑"公众号由江三角律师事务所运营,"子非鱼说劳动法"是由重庆市原第五中级人民法院一位审判员个人运营的,它们都经常发布在实践中有争议或有代表性的案件。从中可以看到,实务界的律师、审判的法官、劳动仲裁员和学术界的观点非常不同,推荐同学们去分析这种不同,并作出自己的判断。

■ 劳动法总论方面的问题

劳动法总论方面的问题主要分为四个方面,分别是劳动法渊源、劳动法与其他部门法的关系、劳动法的价值目标、劳动法执法与劳动法职业等。

□ 劳动法渊源相关问题

劳动法渊源是一个区分法律效力层级的金字塔结构,最重要的内容是《劳动法》《就业促进法》《劳动合同法》《劳动争议调解仲裁法》以及劳动争议相关司法解释等。劳动政策是不是劳动法的渊源?换言之,可不可以、应不应该根据劳动政策判案?这是个有争议的话题。关于劳动法律和劳动政策之间的互动关系,可以将劳动法视为实现经济政策的工具。法律固然要对政策有所反思、限制甚至批判和抗拒,但是第三法域对政策的基本态度就是法律要为政策所用。政策是社会工程的图纸,而法律是把图纸落实到现实的力量。这一点从立法机关的角度听起来理所应当,但在司法机关的实践中会遭遇困难。举一个例子,某法院在判决外卖配送员与平台企业之间构成劳动关系的案件中,做了一个明显的政策分析:法院知道,如果严格按照劳动关系的认定标准,配送员与平台之间的关系可能并不完全符合;但法院出于保护劳动者的政策目的,必须将原告认定为劳动者;法院犹豫的地方在于要不要把这种政策分析挑明,因为这听起来似乎有考虑法外因素的嫌疑。学者对政策判断是否应当由法院和法官来完成有不同看法。但无论如何,实证研究表明,法律与政策是存在一定联系的。另一个争议是,劳动法的原则作为劳动法的渊源,它和劳动法的规则是什么关系?一般而言,如果有规则当然要适用规则,如果不同规则出现冲突,或在某个问题上规则缺失,原则就要纠正错误、弥补冲突、填补缺失,为规则兜底。

□ 劳动法与其他部门法的关系

首先是劳动法与宪法的关系。在我国,宪法在司法中不能作为判决的依据,但可以作为说理的依据。宪法的实施除了司法审查之外,还可以通过以立法贯彻宪法精神的方式渗透在法律秩序中,《劳动法》就是典型。《劳动法》的总则章几乎原样复制了宪法上关于劳动的规则,具有非常鲜明的宪法实施法的特点。

其次是劳动法和民法的关系。总的原则是:有劳动法规则和原则的,适用劳动法规则和原则;没有劳动法规则和原则的,可以适用民法规则和原则,但是不得与劳动法原则(价值目标体系)相抵触。一般都将劳动法视作民法的特别法:一方面,特别法优于一般法,所以劳动法要优先适用;另一方面,劳动法有缺位,而民法的体系性很高、覆盖面很广,在劳动法覆盖不到的地方可以用民法填补。比如,近年来劳动审判中越来越多地援引民法上的诚实信用原则进行裁判。需要注意的是,适用民法不能与劳动法的价值目标相抵触。劳动法与民法上自愿达成合意即可成立交易不同,它要求实现劳资双方的实质平等。即便劳资双方在形式上平等,实际上劳动者迫于生计,几乎没有选择的权利,并且资方往往比劳动者更有谈判经验,还掌握着生产资料,其缔约能力、谈判能力都远强于劳动者。鉴于此,劳动者需要受到《劳动法》的倾斜保护,才能实现实质平等。

关于劳动法与诚实信用原则的关系问题,劳动者诚实信用虽然在劳动立法上没有明文规定,但劳动法对劳动者的不诚信行为一直是有约束的。比如,因欺诈、胁迫、乘人之危而订立的劳动合同是无效的;《劳动合同法》上还规定,虽然劳动合同自始无效,但用人单位一方仍然可以要求解除合同,就是对诚信强有力的保障。比如,某员工出国游玩,却向单位请了病假,就构成欺诈,有的法院认为用人单位可以单方解除劳动合同。

最后是劳动法与经济法、社会法的关系问题。按照全国人大常委会的观点,社会法属于七大部门法之一,主体内容是劳动法与社会保障法。社会保障法中既包括已经立法的《社会保险法》,还包括社会救助法、社会福利法等。除此之外还有一些特殊群体保护法,如《妇女权益保障法》《未成年人保护法》《残疾人保障法》《老年人权益保障法》等。社会法和经济法统称为第三法域,二者都是在19世纪末20世纪初出于批判传统资本主义经济和社会秩序而产生的新兴法律部门,具有非常密切的关系。社会法与经济法的关系可以在宪法上找到线索。在宪法上,“社会”这个概念充满批判力量,有三个面向:第一种面向是批判阻碍现代化的私人秩序。宪法所强调的“社会主义现代化目标”中的“现代化”,是指将农业的、乡村的“私”的秩序变成工业的、城市的“公”的秩序。第二种面向是反对片面追求经济利益。人们常说,社会法区别于经济法之处,在于经济法强调经济发展、强调企业逐利,而社会法强调在经济发展的同时也要注重社会进步,企业在逐利的同时也要维护公共利益。第三种面向是反对国家吞噬社会生活,在此意义上的社会法与“国家法”相对。现行宪法反思历史经验,认识到国家不能变成一个无所不包的“巨无霸式”力量,国家、公民、社会、市场应各安其位,各有边界。宪法限定这个边界,社会法守护这个边界。因此,宪法上的“社会”概念的形象是一个战士,一会儿抨击旧的私人秩序,一会儿抨击片面追求经济效益,一会儿抨击过分膨胀的国家。可以说,正是由于有批判性的“社会”概念存在,宪法秩序才得以留存。

□ 劳动法的价值目标(主要是生计和效率)之间的关系问题

劳动法上的公平是指矫正资强劳弱的格局,即公平的主要目的在于保障生计。效率与生计都是劳动法的宪法目标,二者不是简单的取舍关系,而是首先要保障最低限度的公平(生计),如我国的最低生活保障制度、农村的五保户制度等。一个社会文明程度、富裕程度越高,“最低限度”的线会越来越高。在此基础上,效率与公平(生计)在两次分配中都是并重关系。效率和公平的关系是随着经济局势变化不断调整的,不能脱离具体的时空背景与经济条件去分析。经济不景气时,应当更多偏向效率,这样反过来就能创造就业、维持生计;经济向好时,应当更多偏向公平,这样反过来才能刺激消费、扩大内需、提高效率。

□ 劳动法执法问题

我国劳动法实行情况见于全国人大常委会及地方各级人大的执法检查结果。针对《劳动法》的执法检查结果曾经是制定《劳动合同法》的重要依据。比如,检查中发现劳动合同短期化现象比较严重,因此《劳动合同法》制定了许多鼓励甚至强制缔结无固定期限的劳动合同以促进劳动关系长期化的措施。

劳动法对用人单位的规定比较严格,执法若遭遇困难,是否需要对劳动法加以修改?应当说,如果法律在实践中完全做不到,那么这种法律是需要调整的。但是,判断劳动法的规定是否在用人单位能力范围内,需要非常谨慎。更常见的情况是有些用人单位能做到、有些用人单位做不到,将超出用人单位能力范围作为修法理由往往不够充分。可以作为修法的充分理由的是:第一,即使法律获得实施,也无法实现立法目的,即手段无法服务于目的;第二,立法目的本身有问题,即手段服务了一个错误的目标。

□ 劳动法职业

在劳动争议中,劳动者很少具备请律师的意识,很多劳动法律师主要为企业服务。此时,劳动法律师是否可能面对保护客户利益和维护内心认可的公平之间的矛盾?诚然通常富人有钱雇律师,但是实践证明,律师行业仍然应当遵循市场经济的一般规则,这样才最有效率。首先,律师要服务于客户利益,这是基本的职业道德。其次,律师与国家之间还存在公法上的关系,他不仅是执业人员,更是国家法律工作者,不仅要维护客户利益,还要维护公共利益。这并不一定和维护客户利益相冲突。当律师的客户是用人单位时,对方当事人(劳动者)的利益只有在与公共利益重合时才受到法律保护。最后,律师确实要为用人单位服务,但服务的方式不一定是帮助用人单位逃避法律责任,而是可以帮助用人单位加强人力资源管理的法治化,促进劳动法的实施。无论代表劳方还是代表资方,只要坚守法治的底线,都可以为劳动者的利益和公共利益做出贡献,二者并不冲突。实际上,法务部门和人力资源管理部门比较完备的企业,劳动争议往往比较少,劳动法的落实情况比较好。

■ 劳动关系的概念问题

劳动关系的概念问题主要分为两个方面,劳动关系与劳务关系问题,及劳动者资格问题。

□ 劳动关系与劳务关系问题

如何确定劳务关系?首先设定一个宽泛的总集——平等主体之间的持续性劳务给付关系。这就可以排除公务员和单位机关之间的关系,因为二者不是平等主体。平等主体之间的持续性劳务给付关系中,剔除劳动关系以及民事上的有名合同关系(如承揽关系、委托代理关系等)之后,就是劳务关系。法律并没有从正面界定劳务关系,而是通过排除法来确定。可以看出,劳务关系是一个兜底的概念。

□ 劳动者资格问题

劳动法在制定时预设了规制对象,如1994年《劳动法》上的劳动者主要以全民所有制工业企业中的劳动者为原型。面对劳动者的大分化,学界主要有分层保护论、分类保护论等主张。针对所有劳动者制定统一规范,是为了增强法律的普遍适用性;如果完全一事一议,法律将会非常细碎而失去普遍性。但目前看来,劳动法对劳动者进行适当分层和分类可能是大趋势。

当今社会中,一些具体类型的劳动者在法律资格认定上遇到了争议。有争议的主要包括在校实习生、保姆、企业高管、学徒、演员、退休返聘人员等类型。

第一是在校实习生。在校实习生与实习单位的关系分为三类:其一,绝大多数人的在校实习原则上是劳务关系,受民法保护;其二,“名为实习,实为劳动关系”的,是劳动关系,受劳动法保护,主要判断标准可能是是否以劳动为目的而不是以学习为目的;其三,职校生实习,享有多项劳动者待遇。

第二是保姆。主流观点认为,保姆与主家不构成劳动关系,其主要原因可能是:其一,从形式上,劳动关系是组织和个人之间的关系,主家并不具备用人单位资格;其二,主家对于保姆的管理远弱于用人单位对劳动者的管理;其三,保姆和主家之间有特定的伦理规则,此时法律应保持谦抑。

第三是企业高级管理人员(以下简称高管)在劳动法上地位问题。企业高管在劳动法上具有特殊性:其一,高管受劳动法和企业法双重调整;其二,高管的道德风险比较突出,普通劳动者纵使对企业心怀不满,想要侵害公司利益也往往缺乏手段,而高管有能力有手段侵害公司利益,因而劳动法对普通劳动者的一些保护不适用于高管;其三,高管的谈判力量比较强,劳动法没有必要过分保护,如高管基本采用不定时工作制,没有必要在工时上保护高管;其四,高管的劳动争议内容比较特殊,往往涉及竞业限制、股票期权等问题。

第四是师傅与学徒的关系。师徒关系是否是一种法律关系?原劳动部办公厅曾表示,学徒期是对进入某些工作岗位的新招工人熟悉业务、提高工作技能的一种培训方式,但实行劳动合同制后,这一方式仍应继续采用,并按照技术等级标准规定期限执行。意思是说,师徒制在实施劳动合同制以后仍然适用。所有学徒工都受到劳动法的保护;在此基础之上,师傅的地位类似于企业的经理人员,用人单位对劳动者有管理权,而授权师傅去管理徒弟。单位与师傅之间的合同内容是单位授权师傅进行管理,师傅要严格遵循管理职责,不能越权、不能渎职,单位对师傅进行经济补偿;单位和学徒之间的合同内容是学徒必须接受师傅代表单位的管理,单位向学徒支付薪酬。因此,无论是学徒不服管理,还是师傅越权或渎职,都将构成对单位的违约。根据《民法典》侵权责任编的规定,如果师傅侵犯学徒权利,且侵权行为在工作时间内履行工作职责的时候发生,则师傅的行为属于职务行为,责任应该由单位承担。大学中的导师与学生之间的关系不能类比师徒关系,他们之间也不存在劳动关系。同时,学生与大学、研究机构之间也不存在劳动关系。

第五是演员或艺人的利益问题,他们应当受到劳动法的保护吗?劳动法的保护范围只取决于是否存在劳动关系。很多公司表示,演员或艺人与公司之间是合作关系。但是如果他们通过各种方式对演员进行管理,就需要判断这种管理是否在性质上及强度上可以达到劳动管理的程度,而不在于合同的名称是合作合同、经纪合同还是代理合同。在剧组“跑龙套”的人可能比大牌明星更需要劳动法保护,但他们的工作长期处于不稳定状态,这种时间跨度很短的劳动给付关系很难被界定为劳动关系。

第六是关于退休返聘人员的劳动关系。如果退休返聘人员在工作中被第三人伤害,公司是否应当承担工伤赔偿责任?这个问题分为两个层次:其一,退休返聘人员在工作时被第三人伤害是否构成工伤?工伤必须具有工作相关性,如果退休返聘人员被第三人伤害是由履职所引起的,毫无疑问应构成工伤。其二,退休返聘人员是否还有资格享受工伤保险待遇?现在主要依据人力资源社会保障部《关于执行〈工伤保险条例〉若干问题的意见(二)》中的相关规定处理,即若退休返聘人员没有享受退休待遇,则认定为劳动关系,自然享有工伤保险待遇;若退休返聘人员已经享受退休待遇,则认定为劳务关系,若此时用人单位为他投保了工伤保险,则可以享受工伤保险待遇,否则就不能享有工伤保险待遇。总的发展趋势是:将工伤保险与劳动者资格适度分开,扩大工伤保险的覆盖范围。

另外,现今科技发展迅速,AI(人工智能)已经逐步投入市场。那么人工智能能否成为劳动关系的主体?这需要回到劳动关系背后的隐藏前提,即劳资双方在人格上是平等的。那么法律会承认 AI 的人格吗?这个问题提得有些早,欢迎同学们研究。

■ 劳动关系的建立问题

关于劳动关系的建立,主要针对两方面答疑,包括就业歧视问题及劳动合同的订立问题。

□ 就业歧视问题

这一话题下的大部分问题涉及性别歧视,主要是针对女性的歧视。女性遭受就业歧视的原因主要有三个:其一,偏见——“我行,可你/我觉得我不行”。持这种观点的人仍然大量存在,但总体看是逐渐减少的,主要原因是教育,解决方案也是教育。我国的男女平等教育是世界领先的,要注意的是,不仅需要教育男性接受男女平等的观点,更需要女性的自我教育(消除自我歧视)。其二,生育——“我不行,但是我给大家带来了好处”。生育的确给女性就业带来了巨大冲击,最大的代价是消耗个人精力,对身体也造成较大伤害,需要较长时间来恢复。但生育在就业中带来的劣势不应当完全由女性承担,因为生育对于需要鼓励生育的国家具有显著的社会意义，社会应当分担这个成本。解决方案是承认生育的社会意义，促进生育成本社会化，如建立生育补贴或生育保险等。其三，刻板印象（stereotype）——“我行，可我必须假装不行”。人是社会性动物，离开社会就不能生活，所以极易屈从于社会主流观念。社会对女性的形象有大致的设定，也就是所谓“女人要有女人的样子”。这一设定具有规范效力，对个人构成强制。这个问题要通过社会教育来缓解。

另外，其他类型的歧视问题也应引起重视。比如，某企业公布的招聘信息中没有明确要求双一流高校毕业，但是实际上因为某求职者不是双一流高校毕业而拒绝聘用他，这是否构成就业歧视？有些歧视是直接的、公然的，还有一些则是间接歧视，即表面中立而结果上不平等的歧视现象。比如，某企业公开的政策是性别平等，女生可以投简历，但人力资源管理部门会放弃所有女生的简历。我们很难知道企业在招人时到底考虑了什么因素，这意味着很难证明存在歧视，特别是精心掩盖的间接歧视。反歧视法的发展趋势是越来越多地禁止间接歧视，但很难实施。同学们不妨思考一下，有什么办法可以既发现间接歧视，又不至于伤及无辜的企业？

□ 劳动合同问题

面对劳动合同中或多或少的瑕疵，劳动者应当采取逐步升级的处理方式：首先通过补充协商和缔约来补正；其次，如果协商未果，可以主动解除劳动合同；最后，瑕疵严重的，可以请求宣告合同无效，要求用人单位赔偿损失。

关于毕业生三方协议与劳动合同的关系，社会上有不同的观点。行政部门的观点从教育部高校学生司《关于修订〈普通高等学校毕业生就业协议书〉若干意见的通知》可见一斑：就业协议书是普通高等学校毕业生和用人单位在正式确立劳动人事关系前，经双向选择，在规定期限内就确立就业关系、明确双方权利和义务而达成的书面协议。这意味着三方协议并非建立劳动人事关系的依据。司法部门的观点是，三方协议通常构成劳动合同的预约；具备劳动合同必备条款的，构成劳动合同或其一部分。

■ 劳动关系的终结问题

劳动关系的终结问题主要分析两个方面，一是用人单位单方解除劳动合同问题,二是劳资双方信任关系破裂问题。

□ 用人单位解除劳动合同问题

法定的用人单位解除劳动合同的条件是否过于苛刻?我们从法律上衡量一个政策是否过度,其实是作出合理性的判断,而合理性判断最主要的工具是比例原则。用人单位享有用人自主权,对这一权利的限制应当遵循比例原则。衡量单位解约条件是否过于苛刻,应当考虑:限制的目的是否合理,限制的手段是否能够促进目的的实现,是否得大于失,是否存在损失更小的手段。满足了比例原则的这四项测试,才可以说法律对用人单位用人自主权的限制是合理的。

□ 关于劳资信任关系的问题

赋予资方在劳资信任关系破裂时单方解除权,即使可能导致资方"公报私仇",恐怕仍有必要。原因是:其一,当老板发现员工劣迹或员工受到老板"报复"时,双方之间的信任已经破裂,关系没有维持的意义;其二,长期"公报私仇",不按企业利益进行人事决策的企业,会在竞争中处于劣势而被市场淘汰,但这种惩罚并不是即时性的。因此,或许可以允许在补偿的前提下"公报私仇",但不宜课以惩罚性赔偿,也不宜允许无补偿的单方解除。

■ 外国劳动法和社会保险法相关问题

最后,对外国劳动法以及社会保险法相关问题作一补充介绍。

□ 外国劳动法的问题

谈到中外劳动法的主要差异,需要特别注意以下四个方面:第一,合同形式要求不同。中国的劳动合同必须是书面的,但大多数国家承认口头劳动合同。第二,单位调动岗位等行为的权限不同。中国单位只能基于几项法定事由调动岗位,而很多国家的单位岗位调动属于单位行政管理权的一部分,基本可以随意调动。近年来,我国司法上开始有限地承认单位单方面调整岗位的权利。第三,单方解除劳动合同的难度不同。中国用人单位单方解约比较困难,劳动者单方解除相对容易,而有些国家任意一方解除劳动合同都比较容易。第四,仲裁的含义和定位不同。中国采取官办仲裁,且在纠纷诉诸法院前几乎都要先进行劳动仲裁,而大部分国家的劳动仲裁与普通商事仲裁并无太大差别。

□《社会保险法》的问题

对我国社会保险制度感兴趣的同学,推荐阅读两本书:第一本是叶姗老师的《社会保险法》,这是国内少见的、关于社会保险法总论的著作;第二本是向春华老师的《社会保险法原理》,向老师本人参加过《社会保险法》的制定,可以更多反映立法者的态度。

社会保险与商业的人身保险的区别是什么?第一,关系主体不同。社会保险的主体是国家,商业险的主体不定。第二,关系性质不同。社会保险是强制性的、以法律为基础的保险,商业险本质是契约关系。第三,关系内容不同。通常投保人、被保险人、受益人在商业险上可以自主决定,但社会保险几乎都是强制规定的。第四,保险类型不同。商业险大致可以划分为人身险和财产险,但具体险种千差万别,而社会保险险种法定,我国主要分为 5 种。第五,保险基金来源不同。商业险的保险基金主要源于收取保费,并进行投资以获得回报,而社会保险的收入来源比较多元,除收取保费、投资之外,还可以采取财政拨款等方式。第六,给付方式不同。对于保险基金如何处理的问题,社会保险的给付条件和程序都依照法律规定,往往不完全是多缴多得,基本起到兜底的作用,只能维持一般的生活。商业保险的给付标准、程序、条件都依照合同处理,一般多缴多得。

企业为员工购买了商业险,约定员工受伤害后的受益人为企业,这是不合法的。《保险法》第 39 条第 2 款规定,“投保人为与其有劳动关系的劳动者投保人身保险,不得指定被保险人及其近亲属以外的人为受益人”。原因在于,企业的做法具有强烈的道德风险,可能为了获取保险金而放任甚至促成出险。

关于缓解基本养老保险基金支付压力的可行路径的问题。养老保险基金的保值增值问题近年非常火热。由于养老保险基金的体量极大,这个问题的解决非常困难,需要许多措施齐头并进:第一,延迟退休;第二,扩大参保的范围;第三,提高费率;第四,国企划拨;第五,财政补贴;第六,聘请专业投资团队以争取养老保险基金在投资市场上保值增值等。

希望通过答疑解惑,帮助同学们对劳动法与社会保障法建立更加切实、更加个性化的理解。也希望同学们保持对课程的热情和兴趣,结合当前的劳动法热点问题,掌握好劳动法基础理论。

▣ 阅读指引

◻ 论争

了解中国劳动法学的最佳切入点是几场重要的学术论争。这些论争推动学术研究走向深入,也塑造了中国劳动法学的议程、品位和格局。

□ 围绕《劳动合同法》的论争

1. 专著。常凯:《劳权保障与劳资双赢:〈劳动合同法〉论》,中国劳动社会保障出版社2009年版;董保华:《劳动合同立法的争鸣与思考》,上海人民出版社2011年版。以上两本专著是论争代表人物的文集。
2. 论文。张五常:《张五常论新劳动法》,载《法律和社会科学》2009年第1期。这是张五常教授批评《劳动合同法》的文章合集。2015年以后,论争再起,代表性论文是:楼继伟:《中高速增长的可能性及实现途径》(2015年4月24日在清华大学经济管理学院的演讲),载 http://www.sem.tsinghua.edu.cn/news/xyywcn/TZ_69292.html;王全兴:《供给侧结构性改革中〈劳动合同法〉修改问题的思考——兼对财政部部长楼继伟“三批”〈劳动合同法〉的回应》,载《工会理论研究(上海工会管理职业学院学报)》2016年第4期。

□ 围绕社会法(学)的讨论

围绕“社会法(学)”的概念,特别是外延,劳动法学者曾有过活跃的讨论。专著见董保华等:《社会法原论》,中国政法大学出版社2001年版。回应文章见李昌麒、单飞跃、甘强:《经济法与社会法关系考辨——兼与董保华先生商榷》,载《现代法学》2003年第5期。综合讨论见《法学》2004年第5期社会法专题。

□ 围绕劳动法公/私法属性的探讨

近年来,随着法学内部跨部门法研究的兴盛,特别是《民法典》的出台,关于劳动法公/私法属性的探讨重新获得了重视。主张以私法理论解读劳动法的观点,见沈建峰:《劳动法作为特别私法——〈民法典〉制定背景下的劳动法定位》,载《中外法学》2017年第6期;主张以公法理路解读劳动法的观点,见冯象:《国歌赋予自由》,载《北大法律评论》2014年第1期;阎天:《重思中国劳动宪法的兴起》,载《中国法律评论》2019年第1期。

◻ 思潮

21世纪以来,中国法学界的各种思潮都对劳动法学产生了重要影响,使得这一领域的学术光谱变得越发多元和完备。

□ 权利论

中国法学经历过，甚至仍然处于“界定权利的时代”，这一时代在劳动法学上的投影见常凯：《劳权论——当代中国劳动关系的法律调整研究》，中国劳动社会保障出版社 2004 年版。

□ 教义学

主要由于留德学者的引介，法教义学传统在中国劳动法研究中逐渐获得一席之地，开始成长为重要的主流范式。专著见王倩：《经济性裁员法律制度：司法适用与立法完善》，上海人民出版社 2021 年版。论文见朱军：《认定“严重违反劳动规章制度”的因素及规范构成——基于相关案例的实证分析》，载《法学》2018 年第 7 期。

□ 社会科学

与教义学的兴起几乎同步，一些学者开始尝试用社会科学的方法研究中国劳动法。社会学方法的作品见黄宗智：《重新认识中国劳动人民——劳动法规的历史演变与当前的非正规经济》，载《开放时代》2013 年第 5 期；程金华、柯振兴：《中国法律权力的联邦制实践——以劳动合同法领域为例》，载《法学家》2018 年第 1 期；李娜：《守法作为一种个体性的选择——基于对建筑工人安全守法行为的实证研究》，载《思想战线》2015 年第 6 期。经济学方法的作品见丁雯雯：《就业保护法与劳动力市场绩效：理论基础、实证分析与政策实践》，载《法制与社会发展》2019 年第 2 期。

回 教材

马克思主义理论研究和建设工程重点教材是本领域的权威教材，已出两版。《劳动与社会保障法学》编写组编：《劳动与社会保障法学》（第 2 版），高等教育出版社 2018 年版。

学者独著的劳动法教材，以王全兴教材的历史最长、修订最多。最新版见王全兴：《劳动法》（第 4 版），法律出版社 2017 年版。

外国劳动法教材，近年由于留学归国学人加入撰稿而取得长足进展。代表作见田思路主编：《外国劳动法学》，北京大学出版社 2019 年版。

国际法学研究的视野与方法

陈一峰　易　平

陈一峰

北京大学法学院副教授，主要研究方向为国际法理论、国际组织法、全球治理、劳工保护等。

主讲如下课程：（1）国际法基础理论；（2）国际法英文原著选读；（3）国际组织法；（4）国际组织与全球治理；（5）中国国际法实践等。

易　平

曾为北京大学法学院副教授，主要研究方向为国际法理论、国际法史、战争法等。

在北京大学法学院任教期间，讲授如下课程：（1）国际法基础理论；（2）国际法英文原著选读；（3）国际组织法；（4）国际海洋法；（5）模拟法庭等。

过去几年，我们二位作者经常在一起搭课，采用对话式的教学模式。这里我们还是采取这样的形式。

■ 国际法与政治的关系

陈一峰

国际法和政治之间的关系，是整个国际法学科的基础问题。毫无疑问，国际法跟政治权力的联系非常密切。国际社会的不少例子都表明，国际法带有工具主义的色彩。但是，国际法是否仅仅是大国实现其权力的工具？国际法是否直接等同于国际政治？国际法是否有自己独立存在的价值和空间？下面我们先请易平老师来讲。

易　平

国际法和国际政治是一对重要的关系范畴。国际法是一个自给自足的法律体系吗？它能否和国际政治割裂开来进行思考？它有没有相对于政治的独立性？如果有，这种独立性又体现在哪些方面呢？抽象的探讨没有太大意义，必须结合具体案例来进行分析。例如，孟晚舟保释案件，表面上看，是加拿大的法官严格按照法律程序作出了一个所谓“中立客观”的裁决，但是从深层次来看，这个案件背后反映的是政治权力关系博弈的影响。这不是一个孤立的法律事件，法律是深深嵌入在整个政治大背景中的一块“拼图”。

但如果说，国际法本身就是政治过程的一部分，或者说，它不可避免地要受到政治的影响，那么，它是否具有相对的独立性呢？答案是肯定的。一方面，从事实上看，运用国际法来规制国家行为、让违法行为国承担国际责任的例子大量存在，国际法决不仅仅是政治的点缀或者附庸；另一方面，在规范性意义上，法律也必须保持自己的相对独立性，以对抗政治的恣意性。

20 世纪初在欧洲出现过一个学术流派，即维也纳学派，它的领军人物是凯尔森。凯尔森提出了纯粹法学的概念，声称要把法从一切非法律的因素——诸如政治、经济、社会、文化、宗教等——之中剥离出来，将法律体系建构成为一个封闭的“金字塔”，每一条规范的效力都来自上一级规范的授权，而不是来自金字塔以外的任何力量。这个理论似乎和我们的直观感受相悖，但它的价值恰恰在于,只有把法建构成为一门纯粹的学问,才能用来对抗那个时代无比残酷的权力暴政。

其实,凯尔森比我们绝大多数人都要更加深刻地意识到法和其他要素之间的事实关联。但是,他选择运用纯粹法学的理论作为对抗暴政的武器,在政治的夹缝中打造法律的堡垒,确保法律人在政治的“铁蹄”之下仍有喘息之机,得以延展人之为人的美好生活。这样一种规范性意义上的努力,并没有因为时代的发展而削弱其意义,毋宁说,在一百年后的今天,当法律虚无主义的思潮、强权决定一切的论调弥散于国际空间的各个角落时,这种努力更彰显出重要的价值。规范性的建构也许不能直接改变眼前的现实,但是它对于政治的深远影响是不可低估的。

陈一峰

刚刚易平老师谈到了国际法两个很重要的维度。第一维度,法律可以是国际政治或国家权力的工具,大国可以通过国际法来达到自己的目的,实现大国的政策、利益、价值和偏好。同时,易平老师也提到了(第二维度),国际法本身也是一种权力,是一种可以对抗大国利益和偏好的权力。所以国际法和权力之间的关系是双重的,一重是国际法被大国权力控制、引导、塑造;但与此同时,国际法对大国权力的也有限制、引导和塑造的作用。

对于一个大国来讲,诉诸国际法往往是可以采取的众多政策选项之一,既可以诉诸法律手段,也可以诉诸外交手段,必要时还可以采取军事手段。对于小国来讲,国际法往往是唯一能够对抗大国的机制和途径。国际法本身也是一种话语权力,它提供了一个评判一国行为合法与非法的平台,获得国际法支持不仅具有形式上的合法性,也具有道义上的正当性。这是我要讲的第一点。

第二点,国际法有其独立存在的性质。国际法和国际关系有不同的语言体系。国际法提供了一套自身特有的语言体系,这套语言体系为国家间利益分配、外交政策的展开提供了概念框架、分析框架。国际社会的很多问题,无法通过国际关系或者权力机制加以解决。而国际法可以为国家间的争端解决提供特定机制,如司法机制、仲裁机制,通过法律程序和法言法语去解决国际争端。

第三点,我们还可以从构建主义的角度去看待国际法。国际法对权利和义务的分配,诉诸的是一个国际社会的共同体,当我们提到国际法时,一定提到的是一个国际社会的法。在这个意义上,国际法同时也构建了一个有秩序的国际社会,有正义观念的国际社会。这一点和国际关系特别是现实主义学派的主张很不一样,国际法并不认为国际社会是一个自然状态。国际法带有很多自身的假定和价值判断,这些反过来又作用于国家。因此,在一定意义上,国际法具有社会化的功能,使得国家能接受国际法的价值、观念,认同对于和平、安全、人权等一些重要价值的追求。

第四点,国际法有其限度。并非所有的国家利益和诉求都能通过国际法来表达或者实现。主观不喜欢、政治不友好,不一定都能通过国际法表达。

总的来说,国际法有其自身的独立存在。国际法并不能够仅仅简化为一个国家的强权工具;也不纯粹是理想主义的产物;而更多是我们怎样看待国际社会及其法治问题的分析工具。

易　平

国际法不仅具有工具性,还具有规范性,这其实是所有法律部门的共性。但为什么大家在学习国内法的时候,不会去质疑民法、刑法是不是法,但是在学习国际法的时候,却会反复追问国际法到底是不是法呢?这主要有两方面的原因:其一,因为国际社会中没有世界政府,国际法的效力不是来自于主权者;国际社会中也没有警察、监狱和军队,国际法的执行得不到强权机制的保障。所以,很多人认为国际法充其量只是弱法,甚至不是法。但是,无政府并不等于无秩序,国际社会在大部分情况下都秩序井然,否则我们不可能开展任何有意义的国际交往活动。而秩序的背后一定有一套法律机制在提供支持和保障。和国内法相比,国际法提供支持和保障的方式比较特殊,但它仍同样履行了维持秩序的功能。其二,大多数人的直观感受是,和国内法相比,国际法更容易受到政治的摆布,某些大国无视国际法的例子比比皆是。但是,这种感觉未必符合事实。事实上,绝大部分国家在绝大多数情况下遵守绝大多数国际法规则的行动,很少受到媒体的关注,也几乎不被人们意识到。而霸权国家严重破坏国际法,尤其是诸如违法使用武力的例子都会成为头条新闻,强化了我们认为国际法软弱无力的感觉,使我们更容易忽视掉那些日常性的守法活动和遵法实践。其实从整体上看,国际法的执行和实施在绝大部分情况下都是非常有效的。值得我们思考的问题是,为什么一个缺乏强制执行手段的法律体系能够得到有效的遵守?这才是国际法不同于国内法的特点之所在。如果我们仅仅把国际法理解为一套规则、原则和制度的集合,就无法解释这些现象。

■ 国际法的概念

陈一峰

教科书上通常把国际法定义为调整国家间关系的法律规则、原则和制度的集合。这是通常的概念。我们将从以下维度阐释国际法的内涵。

第一个维度,是国际法的主体维度。在主权国家之外,还有其他国际法主体也在有效地参与国际社会,他们不仅接受国际法的约束,也在不同程度上参与国际法的制定、解释和适用。这些主体包括了国际组织、跨国企业、非政府组织,甚至一定程度上也包括了个人。

第二个维度,国际法是国家间的法还是国际社会的法?强调国际法是国家间的法,本质上是一个国家中心主义的路径,更多强调国际法本身的合意性。国际法是国家明示或者默示同意、以条约或者习惯固定下来的法律,背后的基础是国家同意。而强调国际法是国际社会的法,要探讨的是在国际社会有没有一些法律规则的效力、存在和运行是不依赖于国家意志存在的,是以国际社会共同接受的道德、良知、情感为基础的,而且这些法律价值和规范甚至还要高于合意的国际法。

第三个维度,国际法的效力来源。奥斯丁在《法理学的范围》里主张法是主权者的命令,是政治上占优势的团体对政治上从属于其的团体所发布的命令,这是一个极端的实在法的路径。另一个英国学者哈特,在其《法律的概念》里提出了一个针锋相对的法律概念。与奥斯丁从一个外部视角来观察法律不同,哈特认为仅仅外部观察命令和服从是不够的,必须强调民众内心对法律的信仰和接受。他说,为什么暴徒拿枪来强迫我们的时候,我们不认为是法律,最主要的区别是我们对规则本身必须是要从内心信念加以接受的。这个问题对于思考国际法特别具有启发意见,观察国际法的效力来源时,不仅要观察国际法的强制实施问题,还要关注国际法的主观接受和服从的问题。

易　平

一峰老师刚才所讲的,实际蕴含了一种历史发展的眼光。国际法并非从一开始就是今天这副模样。我们今天学习的国际法,从源头上看,是16、17世纪欧洲文明的产物。在当时,国际法体系是一个超越于国家意志之上的规范结构,条约和习惯只是非常次要的国际法渊源。18世纪后期,实证主义的研究方法逐渐占据上风，国际法的内容和结构也随之发生重大变化，超越性色彩越来越淡，国家同意被视为国际法效力的最终来源；因为高度重视国家实践，条约和习惯才被当作国际法的主要渊源。这种观点在20世纪初期达到了高峰。

从“二战”结束至今，这个状况再次发生变化。今天，国家早已不再是国际社会的唯一主体。传统意义上的“国际社会”即国家间（inter - national）社会，实际上和跨国家（trans - national）社会、超国家（supra - national）社会，甚至反国家（anti - national）社会等各种“非国际的社会”并存于同一时空之中。这不是一个均质夷平的普遍社会，而是一个复调发展的多元重层结构体。国际法不仅是主权国家同意的产物，而且是很多复合主体共同作用的结果，甚至很多非国家行为主体在形塑国际规范方面所发挥的作用比一些小型国家还要重要。而且，这种多元主体共同参与的复杂性是贯穿于国际法规范从制定、修改到实施的全过程之中的。

国际法的实施问题

陈一峰

首先，国际法到底是硬法还是软法？很多时候，大家都会觉得国际法相对国内法比较“软”一些，因为没有监狱、没有警察。事实上这也并不准确，国际上也有刑事司法机构，而且现在越来越多。“冷战”结束以后，首先进行国际刑事审判的是前南斯拉夫国际刑事法庭和卢旺达国际刑事法庭，这是由联合国安全理事会通过决议建立的。1998年建立的国际刑事法院，有权对战争罪、灭种罪、危害人类罪以及侵略罪进行管辖。一些非洲国家的在任领导人都被国际刑事法院起诉过，国际影响很大。还有其他一些混合性质的国际法庭，比如塞拉利昂特别法庭、黎巴嫩特别法庭。

其次，“二战”以后，国际组织纷纷建立，大量的国际组织都在其工作中实施国际法。比如在人权领域，建立了相当数量的国际人权机构，缔约国有义务要定期提交国家报告，接受审议。在欧洲和美洲，个人可以通过在区域性人权法院开展诉讼，来维护个人权利。因此，在这些情形下，国际法都并不是软法。

再次，很多国际法规则的实施，是国家间相互实施、对等实施。如果一个国家不履行其国际法义务，另一个国家有权采取相应的反措施。这是国家和国家之间相互实施国际法强有力的保障。

最后,在国际法的实施机制领域,很多时候是国家主动实施国际法,实施的不是国家和国家之间互赋义务,而是国际社会整体的原则和义务,主要集中在人权领域和环境保护领域。比如美国有一部著名的法律,也涉及美国的“长臂”法律,叫作《外国人侵权法案》,其核心是,如果一个外国人在外国受到了侵权损害,而这个侵权损害本身违反了国际法,美国法院可以进行管辖。这个意义上,主权国家可以视为国际法实施的机关。当然,国家的“手臂”也不能伸得太长,否则会引发国际争议,国家对管辖权的设置要遵守合理性原则。

国际法在很多领域是可以很强硬,甚至带有制裁性质的。之所以国际法在很多人的感觉上是软法,是因为我们可能看到美国这样的大国,不时有国际法上例外主义现象的发生。对于发展中国家来说,对国际法的感受是完全不一样的。曾经有外国学生说,他们国家的很多政策制定都不是自己国家独立决定,比如,如果要退出国际刑事法院,其他大国就要撤回对其的资助;再如,一国要获得欧盟的普遍优惠政策下的优惠,前提是要加入国际劳动组织的八项核心劳动公约。这八项核心劳工公约,美国只批准了两项,中国批准了四项。很多发达国家都没有全部批准八项国际劳工公约,但是如果要获得贸易优惠安排,前提就是要批准全部八项国际劳工公约。所以在国际政治生活中,国际法的实施机制是很复杂的。

易　平

国际法的实施机制在不同领域有不同的表现。如果从国内法的视角出发,可能我们会认为刑事司法才是最强有力的实施机制。但是国际刑事法院的审判对象并不是国家,而是个人。目前国际社会还没有就“国家犯罪”的概念达成共识,不过即便如此,国际刑事法院的设立对于规制国家的国际罪行而言并非毫无意义。例如,侵略罪的罪责承担主体是个人,但是判定侵略罪的前提是要认定嫌疑人所属的国家从事了侵略行为。很难想象一个孤零零的个体、在没有得到任何国家机器的支持下,就能够发动一场侵略战争。所以,虽然审判的对象是个人,但还是会涉及对国家行为的法律评价。

另外,除了各种国际机制可以用来实施国际法以外,国内的各种机制同样会参与、促成甚至直接落实国际法规范的实施。很多国家都会把国际法转化为国内法,有些国家的国内法院甚至可以直接适用国际法。此外,大型跨国企业如果能够很好地履行其社会责任,有时也会发挥意想不到的推动作用。

另外,国内政治对于国际法的实施也有影响。特别是在那些实行民主选举制度的国家中，如果候选人发表了严重违反国际法的言论，往往会成为被政敌猛烈批判的对象。事实上，绝大部分候选人都会表现出愿意遵守国际公约、诚实履行国际义务的良好形象，从而为自己争取选票。

简言之，国内法、国内政治、国际法、国际政治不是彼此孤立的四个维度。国际法的实施是一个极其复杂的过程，不能仅仅从国际司法机构如何适用规则的角度来进行理解。

陈一峰

易平老师刚刚强调了，在国际层面有必要把国际法理解为是一个动态的进程，要从关注规则本身到关注这些国际法制定、实施、解释的主体，要从关注纸面上的国际法到国际法落实的过程，关注国际法的决策程序及其实现的力量、要素，这对于我们学习国际法尤为重要。我们不能仅仅注重国际法的文本和体系，而是要着眼于在这些纸面背后法律存在的问题。这也是为什么我们需要跳出国家中心主义的国际法，去看待国际法的进程，这个进程可以包含国内、国际和跨国的维度。

■ 国际法的碎片化

陈一峰

碎片化的问题是怎么来的？当我们谈国际法的时候，我们首先想到的往往是国际法的部门法，如人权法、国际环境法、海洋法。《联合国海洋法公约》被认为是有关海洋管理的“宪法”。WTO（世界贸易组织）也经常被认为是一个自给自足的法律体系。这些法律如果都自成一体的话，跟其他法律有什么关系？所谓碎片化，是用来描述越来越多的国际法部门自成一体，使国际社会的价值之间呈现一种散乱的状态。具体来说，国际法规则之间可能发生冲突，国际机构之间也可能发生管辖权的竞争和法律适用上的对抗。

国际法院在尼加拉瓜案件中提出，国家责任在归因问题上适用有效控制的标准。前南斯拉夫国际刑事法庭在塔迪奇案件中提出，当裁判领导人刑事责任的时候，采取总体控制的原则。在国际法院受理的波黑诉塞黑的案件中，又再次重申了有效控制的标准。这反映出法庭之间对规则的理解不一致。还有管辖权竞争问题，同一个案件既可以诉诸《联合国海洋法公约》的争端解决机制，也可以诉诸 WTO 或者欧盟。不同的国际法部门表达的是不同的话语和偏好，最后的判断很有可能取决于到底诉诸于何种国际法机制。到底国际法是一个统一的有机整体，还是一个越来越分散的、由各部门法自成一体的碎片化结构，是国际法的核心问题之一。

易　平

碎片化的问题首先涉及对国际法自身的理解。法学院的同学最开始接触的都是国内法，所以会有一个先入为主的印象，把国内法当作法的本来面貌：有权威的立法主体、统一的执法机关，以及普遍适用的规则体系。

但是，在国际法领域，这些要素似乎都不具备。国际法的碎片化意味着在国际社会中有大量各自为政的国际机制，国家可以选择性适用。这使法律规则的适用和实施不再是统一的和普遍的，没有明确的可预期性，不同机制所作出的裁决很有可能会发生冲突，又没有一个地位更高的机构来一锤定音。这种混乱的状况与我们心目中对法的统一性、普遍性诉求是背道而驰的。

这个问题在理论上是无法解决的，甚至会越想越悲观。但是大家慢慢发现，实际的问题并没有想象中的那么糟糕。在实践中，各种国际机制并非彼此隔绝、各自为政，而是有很多相互协调和自我克制。甚至心照不宣的是，如果哪个主体要强行把自己推到绝对权威的地位，反而有可能削弱自身，因为根据国际法中的相互主义原则，其他主体在将来出现类似情况的时候也会采取同样的处理方式。

简言之，碎片化的问题确实存在，但是由于各种现实政治力量之间的相互制衡，它的实践性后果并没有那么严重。这也提醒我们，在学习国际法的时候，不能只从逻辑上进行推演，必须观察国际社会的现实，在各种权力的互动关系中来理解国际法的运作，以作出正确的判断。国际法不是僵死的知识，而是灵动的智慧。无论是游戏的参与者，还是规则的创造者，都必须保持一种敏锐的感受力和洞察力，才能准确地把握现实，引导事态朝着更有利的方向发展。

■ 国际法的历史

陈一峰

国际法的历史问题很重要。我们学习国际法的历史是为了能够更好地审视我们今天的处境和情境，知道我们从哪里来，往哪里走，学习历史不是去参观博物馆,而是探求我们当下有哪些可能的选择,以便指引我们更好地往前走。

国际法从什么时候开始的?从哪里来?对这个问题,有不同的观点。第一种观点认为,国际法源于1648年的《威斯特伐利亚和约》。这个时候产生了主权国家,国际法是主权国家之间的法,所以国际法产生于1648年威斯特伐利亚。1648年是一个很重要的节点,很多人称为"威斯特伐利亚神话"。

第二种观点是芬兰赫尔辛基大学科斯肯涅米(Koskenniemi)教授提出的,他认为国际法产生于1873年。因为1873年在比利时的根特成立了一个很重要的学会,叫作国际法研究院,这是第一次的职业国际法学者兴起。之前虽然也有很多人从事国际法的工作,如格劳秀斯、瓦泰尔等,但他们本身并不是专业的国际法学者。从专业的国际法领域来讲,到1873年以后才开始有国际法这门学科。

第三种观点是日本东京大学大沼保昭教授提出的。他认为,随着欧洲国际法向全球的扩张,实现了欧洲国际法话语的普遍化。从跨文明的视角来看待国际法,要看的不仅仅是欧洲,而是要看什么时候欧洲国际法真正对我们理解世界形成一种统治性观念。所以如果仅仅只看欧洲国际法历史,就有可能把大量的亚洲国家、非洲国家都排除在国际法之外,或者把这些国家等同于无主地,仅仅当成西方的大国强国行使武力、从事干涉的场所。

与国际法起源相关的问题,是在国际法输入中国之前或者输入亚洲之前,亚洲区域有没有自己的国际法?如果有,是以什么形式存在的?中国历史上的朝贡体制,也是中国处理跟周边国家外交关系的重要制度。朝贡体制是否也具有国际法的意义?如果它是某种意义上的国际法,跟我们讲的欧洲国际法之间是什么关系?要打破国际法的欧洲中心主义,这些中国历史上的资源、思想、实践还能否为我们提供一些有意义的参考?我们今天建构的"一带一路",是要建设什么样的国际体制?

易　平

刚才一峰老师提到1648年的《威斯特伐利亚和约》,今天的主流教科书几乎都认为,正是这个条约奠定了国际法和主权国家体系的起源。但如果我们去看看当时的历史文献,会发现这种观念几乎是不存在的。而且,在1648年这个历史时点,很多欧洲国家还没有被建构成为现代意义上的主权国家,遑论欧洲以外的国家和地区了。因此,把国际法和主权国家体系的起源归于1648年,只是后人作出的一种追溯性想象和定位。

那么,为什么会形成这样一种追溯性的认识呢?从历史上来看,这个神话其实是在19世纪欧洲殖民扩张的高潮时期最终完成的,是欧洲殖民者在向全球强行推行国际法这套知识话语、应对来自内外两方面的危机时建构出来的一套观念。

有趣的是,“冷战”结束之后,无论东方还是西方,都有很多学者对这个命题提出了强烈的批判和质疑。这也是时势的产物。“冷战”的终结提供了一个全新的舞台,需要一套全新的构想去建设未来的世界。因此,重新解读历史是为了更好地面对未来。国际法史的研究,说到底是特定的国度在特定的处境中面向未来的行动方略的研究。也就是说,经验性研究提供的素材,只有在特定的现实关切之下才会获得具体定位。

中国在过去一百多年中,是借助一个既有的、由西方主导的世界秩序达成了今天中国在国际政治、经济和文化格局中的地位(当然,在接受和融入这个秩序的过程中有很多非主动的成分),但是这种状况不会永远持续下去。因为中国作为一个伟大文明而存在的历史记忆,决定了中国人无法甘当尾随者,不加反思地接受西方主导的现代秩序中的潜在逻辑和深层问题。更何况,这个秩序自身正处于巨大动荡的拐点之上。在这样一个关键性的历史时刻,中国的国际法学人理应肩负起为未来世界秩序提供一种新的理解和架构的历史责任。

未来十年、二十年,国际社会将要面临的变革可能远远超过我们的想象。我们要为这种根本性的结构革命做好知识上的准备,而一个必需的前提就是,透彻研究并深刻理解东西方两种文明及其历史,在这一点上,具有包容色彩的国际法相当于打通东西方的桥梁。只有打好这个基础,才有可能找到新的思考生长点,这也是我们要学习国际法历史的意义之所在。

陈一峰

易平老师讲的我完全赞同。国际法不仅是一门专业知识,更是一种情怀。是对世界的想象,以及对我们自己未来的想象。

▣ 阅读指引

□ 权威教材

1. 白桂梅:《国际法》(第3版),北京大学出版社2015年版。

白桂梅教授在国际法基本理论、国际人权法等领域有丰富的研究和教学经验。本教材内容全面、条理清晰、语言简洁、可读性强,同时又具有一定的理论深度。本书在结构和内容上加强了导论部分的介绍,把国际法的性质和历史发展、渊源、国际法与国内法的关系等问题设置专章,重视对学科基础问题的讲解。

□ 中英文专著

1. 李浩培:《国际法的概念和渊源》,贵州人民出版社1994年版。

李浩培先生是中国国际法领域的权威专家、世界知名的国际法学家。本书对国际法的理解和阐释展示了作者独到的见解,语言浅显易懂,论述深入浅出,是适合国际法初学者了解国际法概念和思维的入门书籍。

2. Oscar Schachter, *International Law in Theory and Practice*, Martinus Nijhoff, 1991.

奥斯卡·沙赫特是美国国际法学家,曾在联合国秘书处担任法律编纂司司长,并曾在耶鲁大学和哥伦比亚大学任教。本书是在沙赫特1982年于海牙国际法学院的讲座的基础上扩展、修订而成,语言清晰简洁、可读性强,第一人称的使用、偶然出现的轶闻趣事以及旁白使本书对比常见的学术著作具有更强的趣味性,适合国际法初学者进行阅读。

3. Antony Anghie, *Imperialism, Sovereignty and the Making of International Law*, Cambridge University Press, 2012.

安东尼·安吉是美国犹他大学和新加坡国立大学的法学教授,是“第三世界国际法方法”的代表性学者。本书对传统国际法史的进步主义叙事提出了挑战,认为殖民是国际法核心的、构成性的事件,而不是边缘性的事件,殖民主义深刻地嵌在国际法的结构中。本书以批判的视角看待国际法律研究,对国际法结构性不公的剖析十分深刻,读来让人耳目一新。

□ 微信公众号

1. 中国国际法前沿

中国外交部条约法律司开设的微信公众号,主要发布涉及国际法内容的中国重要外交政策、理念举措,以及中国在相关国际法领域的实践动态和立场主张等信息。

北大法学进阶

国际私法的“图景”与“场景”

何其生

关于作者

何其生

法学博士；北京大学法学院教授，博士生导师，北大博雅青年学者。现任北京大学国际经济法研究所所长；曾荣获第八届全国十大杰出青年法学家（2017年）、教育部“长江学者奖励计划”青年学者（2015年）、教育部“新世纪优秀人才支持计划”（2006年）、霍英东教育基金会第十届高等院校青年教师奖（研究类，2006年）；曾20余次参与多边条约的谈判和国际法律文书的审议。

主要讲授以下课程：国际私法、国际贸易法、国际经济法与国际私法专题研究等。

国际私法这门学科体系庞大、内涵丰富、历史悠久，它的复杂性也增加了学习的难度，因此学习国际私法既要有大局观，也要着眼于微观，于细小处见真知。

首先，国际私法的名称就曾引起过分歧。其中一种英文翻译为“international private law”，通常是指国际民商事法律，调整的是国际民商事法律关系；另一种翻译为“private international law”则通常是指法律适用法，是在具体的案件中用来确定实体法的法律选择规则。其次，就国际私法的历史来说，国际私法最初的学名是13、14世纪意大利学者所使用的“法则区别说”[1]，并延续到17、18世纪的法国和荷兰。1841年，德国学者谢夫纳在其著作《国际私法的发展》中使用了“internationales privatrecht”，也就是英文的“international private law”。在英美法系，国际私法通常被称为“冲突法”，就是“conflict of laws”；在欧洲大陆，其通常被称为“private international law”。综合来看，国际私法无疑是国际法，即在各国管辖权和法律之间进行选择的法律部门。但此“国际”一词，并非支配国家之间的关系。在中国，用“国际私法”这一名称来称呼这一法律部门或法律学科已约定俗成。最后，就内容来说，国际私法是以直接调整方法和间接调整方法相结合来调整平等主体之间的涉外民商事法律关系并解决涉外民商事法律冲突的法律部门。这就决定了国际私法涵盖如下三个核心内容：一是国际私法的调整对象是涉外民商事关系，或国际民商事关系；二是国际私法解决的是国际法律冲突；三是国际私法的调整方法包括直接调整方法和间接调整方法。

这三个方面给我们作出了指引：学习国际私法需要宏观和微观相结合的方式。宏观上，我们要以大视野（全球视野）、大历史（全球国际私法发展史）、大格局（国际民商事法律秩序）来认识国际私法，构筑国际私法的“图景”；微观上，我们则需要将知识谱系和知识点很好地与具体案情相结合，通过一个个“场景”，即解剖真实案情，设计虚拟案情，来分析具体法条的利弊以及法条中的利益关系。

---

[1] “statute theory”或“theory of statutes”，直译应该是“规则理论”，但根据当时的学说理论，译为“法则区别说”更为准确。

■ 国际私法的“图景”

“图景”是指画面上的景物,比喻理想中的情况。比如周公度在《人世间最美的图景》中写道:“月光照耀桂花月季的时候,拂动千山万里,也照耀窗前的玫瑰,和餐桌前剥石榴的你”;又如孟郊的“春风得意马蹄疾,一日看尽长安花”。“图景”是一种宏观的轮廓,可以给人以更广阔的想象空间。具体到国际私法教学而言,我们的课程在整体规划和具体讲解上都注重描绘课程内容的“图景”,以此激发学生的想象与理解。

□ 国际私法之理想图景

就像罗斯科·庞德所言:“法学家的头脑中也必须有一幅明确的图景,以便在他们构设创造性活动之方向、条理化活动之方向和系统化活动之方向的时候为他们提供指导。此外,法学家还至少应当认识到,这幅图景只不过是一幅适用于特定时空的图景,而且他们也应当有理由对修改这幅图景或彻底重新绘制这幅图景的可能性持欢迎的态度。”[1]邓正来先生亦言:“归根结底是或者应当是一种对社会秩序之性质的关注,一种对有关何种性质的社会秩序更可欲和更正当的问题的追究……更应当是一种对我们就自己应当生活在什么性质之社会秩序之中这个当下问题的拷问。”[2]那么,什么是中国国际私法的理想图景?或者说在中国从走向世界舞台的中央到走近世界舞台中央的进程中,中国在当下的世界结构中究竟需要什么样的国际私法或国际性私法秩序?

同学们知道,法律因其性质,可区分为公法和私法。作为这种区分的首创者,古罗马法学家乌尔比安在其著作中写道:“它们有的造福公共利益,有的造福于私人。”之后,这一区分被查士丁尼钦定的《法学阶梯》所肯定:“法律学习分为两部分,即公法与私法。公法涉及罗马帝国的政体,私法则涉及个人利益。”按此区分,国际法作为法律,当然有公法和私法之分,其所调整的国际法律关系或者维护的国际法律秩序因而有国际公法秩序和国际私法秩序之分。国际私法秩序聚焦于私权即私人利益,调整的是私人之间的跨国法律关系,即

---

〔1〕[美]罗斯科·庞德:《法律史解释》,邓正来译,中国法制出版社2002年版,第219页。

〔2〕邓正来:《中国法学向何处去(续)——对梁治平“法律文化论”的批判》,载《政法论坛》2005年第4期。

国际民商事法律关系。它是对全球性国际公法秩序的重要补充。

“有社会就有法律”(ubi societas, ibi ius),古罗马人用这样一句格言描述了一个社会现实。同样,有国家,有国际社会,就有国际法。主权国家的民族性根植于历史和现实的土壤,文化、种族、肤色、宗教和社会制度等都是培养民族性的根基,民族性决定了各国法律制度的差异性。但国际交往又使国家之间相互依存,“不同民族之间更加多变、更加主动的交往……民族性之间的悬殊差异必然为之消除”。又如菲德罗斯的观点,众多独立主权国家的存在是国际法的前提,而国家间往来的事实则是另一个前提,国家交往生成和发展了法律规则。此外,在私人之间进行跨国交往中形成的一些共通性的法律原则,如主体地位平等、当事人意思自治、公平原则、诚实信用、约定必须遵守、不可抗力免责、公序良俗等原则,逐渐发展成共同珍视的价值和原则,进而形成统一的私法秩序。因此,民族性决定了法律之间的差异,而相互依存性则要求一定的国际性私法规则来维护这种共同的秩序。而和谐的国际民商事法律秩序无疑是国际私法的全球目标,借用费孝通先生的话来描述,即各国之间形成“各美其美,美人之美;美美与共,天下大同”的理想秩序。

而为了描绘出上述图景,我们至少需要如下构图的“要素”。

1. 主体

国际私法关系的主体,是指能够在国际民事商事关系中享有权利和承担义务的法律人格者,其可以分为四种:自然人、法人、国家和国际组织。确定国际私法主体主要是解决两个问题:主体平等和主体资格(属人法问题)。

2. 客体

在现代人的日常生活中,“涉外”因素可以说无处不在。国际私法调整的对象是涉外民商事关系。“民商事关系”的解读,应从广义的角度来理解,包括具有外国或涉外因素的各类财产关系、人身非财产关系。由于一些国家“民商事项”并没有分立,因此,又统称为涉外民事关系。在国际社会,“民商事项”也被广泛使用,诸如1965年的《海牙送达公约》、1970年的《海牙取证公约》,以及2005年的《选择法院协议公约》等。

3. 方法

在私人之间跨国法律关系大量存在的情况下,无疑需要一定的制度和方法来协调各国法律制度之间存在的差异。在古代,战争无疑是一种解决法律冲突的方式。罗马的万民法就是随着罗马帝国的扩张而不断延伸其适用范围。这种方式在今天无疑不具有可适用性。至于严格的属地主义，即法院在审理涉外民事案件时只适用内国法，根本不考虑外国法的适用，也已经被抛弃。现在解决法律冲突的方法主要为国际私法方法，具体分为间接调整方法和直接调整方法：

（1）间接调整方法主要是“冲突法方法”，即针对各种不同性质的国际民商事法律关系，通过制定国内的冲突规范，来指定应适用的法律，从而解决国际民商事法律冲突的方法。冲突法方法尊重各国法律制度的差异，不是只适用内国法或外国法，可以说是费孝通先生所言的“各美其美，美人之美”。

（2）直接调整方法是指直接适用某一实体规范来调整国际民商事法律关系当事人之间权利义务的方法。直接调整方法有两种：统一实体法方法和国内法的直接适用。其一，统一实体法方法，具体来说是统一国际私法方法，即通过制定国际公约或国际惯例，规范当事人的权利与义务，调整国际民商事法律关系，从而避免或消除国际民商事法律冲突。“统一实体法通过把同一法律关系置于一个共同的、统一的实体性质法律规范之下来直接调整国际民商关系，规范国际民商事行为。”[1]相对于冲突规范来说，它更加符合国际民商事关系的本质要求，能够增加法律的可预见性与确定性，真正能够达到“美美与共，天下大同”的理想秩序。其二，国内法的直接适用，国内法中直接调整国际民商事法律关系的实体规范，通常是指直接适用的法。例如，国内法中规定外国人在内国民商事法律地位的规范等，此类规范对于内国法院来说通常具有强行法的性质。

在现代中国的对外交往中，提倡“要尊重世界文明多样性，以文明交流超越文明隔阂、文明互鉴超越文明冲突、文明共存超越文明优越”。而上述两种方法无疑契合了时代主题。但这两种方法所形成的国际规则和秩序并不相同。后者因为其是统一法的方法，所形成的是统一性的法律制度和秩序；前者因为冲突法主要是国内法，在某种程度上是对外国法律的认同。这种制度能否形成统一性的法律秩序，实际上还取决于各国冲突法制度和实体法制度的一致性程度。否则，只能形成非体系性和碎片化的秩序。但无论如何，国际私法方法，作为解决涉外法律冲突的方法，无疑应该成为中国未来推进国际合

---

〔1〕 李双元、徐国建主编：《国际民商新秩序的理论建构——国际私法的重新定位与功能转换》，武汉大学出版社1998年版，第4～5页。

作、积极参与国际规则制定的重要手段和方法。

4. 规则

规则是用来维护秩序的。在上述方法的情形下,从国际私法主要调整国际民商事法律关系的角度,国际私法的规则范围包括:(1)国际统一实体规范,即国际民商事领域的国际公约和国际惯例;(2)冲突规范,即通常所说的法律适用规范;(3)国际民商事争议解决规范,包括国际民事诉讼规范、国际商事仲裁规范和国际商事调解规范等。

借用韩德培教授的“一机两翼”论,国际私法的规则范围就可以简化为图1,国际私法的主干是法律适用法,也即冲突规范或法律选择规范;一翼是统一实体法;另一翼则是国际民商事争议解决法。

图1　国际私法的范围

□ 国际私法之历史画卷

国际私法的历史,是国际私法的产生和发展史,也是国际私法的学说史。国际私法的历史回答的核心问题是“为什么适用外国法”的问题,结合各个时代不同的社会和经济背景,重点分析国际私法的重要理论。总括来说,可以用图2呈现:

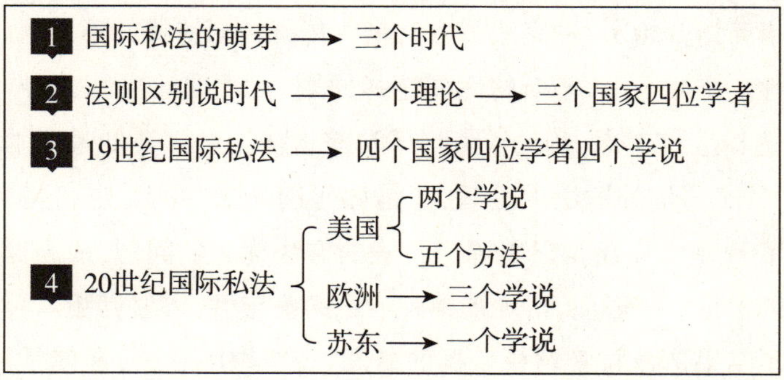

图2　国际私法的学说理论

尽管内容庞杂,但在总结国际私法的历史和理论,我们至少可以得出如下一些结论:

第一,开放的经济是国际私法理论存在的基础。国际私法的源起及发展与经济交往密切关联。从公元9世纪唐朝《永徽律》,到13、14世纪的意大利,15、16世纪的法国,17世纪的荷兰,19世纪的德国、英国、美国和20世纪的美国,国际私法的发展不仅与资本主义的发展密切相关,而且与大国的兴起相互关联。经济的繁荣发展是法律发展的原动力,国际私法理论的发展离不开国力的强盛,离不开日益扩张的对外交往。

第二,国际私法的起源与发展和罗马法的研究有着重要的关系。在19世纪以前,国际私法理论基本上是伴随罗马法的研究而提出来的。作为后期注释法学派的集大成者,《巴托鲁斯论冲突法》将罗马法的注释和现实问题的解决结合起来;之后,意大利的人文主义思想传入法国,促进法国法则区别说的发展;17世纪的荷兰被称为"海上马车夫",主权观念兴起,胡伯在《论罗马法与现行法》一书中提出国际礼让说。而即使到了萨维尼时代,其依旧是在1849年《现代罗马法体系》的研究中提出了"法律关系本座说"。可见,国际私法的研究与罗马法密切关联。

第三,国际私法自身的发展也在不同时期有不同的侧重点。早期罗马法与城邦法冲突,学者们从法则区别的角度研究法律的域外适用,以普遍主义视野解决法律适用问题;胡伯三原则以主权国家为立足点,使法律冲突的解决定位于国家主义;之后萨维尼从"相互交往的国家的国际法律共同体"的角度,认为存在普遍适用的冲突规则;而20世纪的国际私法理论强调国家主义和普遍主义并重,相关理论促进了立法和实践的发展。

第四,美国国际私法与其他国家国际私法有着明显区别。20世纪,美国国际私法自卡弗斯开始了"冲突法革命",批判传统规则选择的不足,强调结果选择的合理性。实际上,卡弗斯的优先选择原则、柯里的政府利益分析、莱弗拉尔的法律选择五点考虑、艾伦茨威格的法院地法说和里斯的最密切联系理论等,并非为什么适用外国法的论理,而是如何选择法律的方法,这就使以成文法系国家的规则优先还是以美国为代表的方法优先的问题,成为国际私法上一个重要的争论。一般而言,规则具有一定的确定性,方法则更具弹性。美国学者提出了结果选择与管辖权选择的概念,表明国际私法,即使是冲突法,也可以是政策导向的。

二 国际私法之篇章图景

从历史走向现实，具体到每章的讲授时，我们也会设计相应的逻辑关系图，给大家展示一个“图景”。比如，“冲突规范与准据法”，我们就通过思维导图带给了大家一个小的图景，指明“程序问题依法院地法；实体问题经过冲突规则的指引，指向了外国法或内国法”的课程核心内容。再如，“合同之债的法律适用”和“非合同之债的法律适用”，我也给大家一个总的轮廓，为同学们比较中国、美国和欧盟三个主要经济体，使大家了解当今世界的主流实践。通过这些图景，引导同学们通过知识的图景来了解相应的内容，这也是国际私法教育中“图景”教学方式的体现。下文以侵权行为的法律适用作一说明，将中国、美国、欧盟进行并行拼图，三个主要经济体的法律差异就会跃然纸上。

首先，美国《冲突法重述（第二次）》第 145 条关于侵权行为法律适用问题上，采纳了适用与发生的侵权行为和当事人有最密切联系的州的法律，具体规定如图 3 所示：

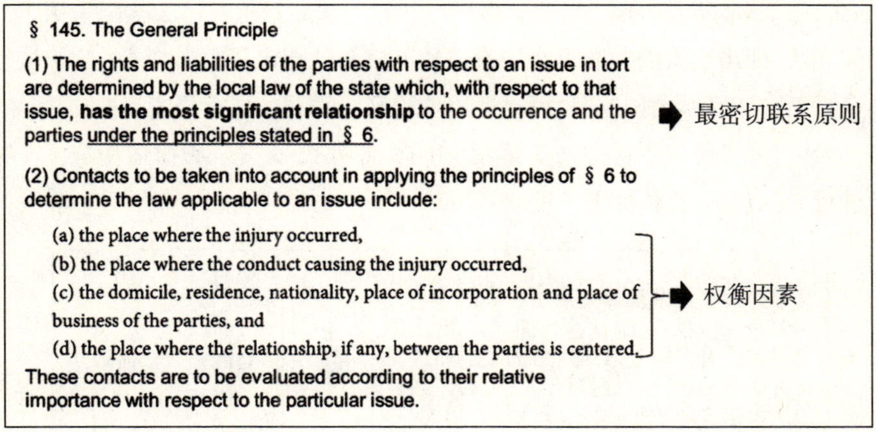

图 3　美国《冲突法重述（第二次）》第 145 条的分析

在权衡最密切联系的过程中，不仅要根据第 6 条所规定的基本原则，而且要考虑第 145 条第 2 款所罗列的因素，包括损害发生地、加害行为发生地，当事人的住所、居所、国籍、成立地、营业地，以及当事人关系的中心地。由此看来，侵权行为地只是美国法院在确定最密切联系时所考虑的因素之一。

其次，在欧盟，一般侵权行为的法律适用规定在《欧洲议会、欧盟理事会关于非合同之债法律适用的 2007 年 7 月 11 日之（EC）864/2007 号条例》（以下简称《罗马条例Ⅱ》),具体规定如图 4 所示：

第4条　一般性规定	
1.除非本条例另有规定，因侵权/不法行为而产生的非合同之债，适用**损害发生地国法**，而不予考虑导致损害之事件的发生地国及产生间接后果的国家。	➡ 侵权行为地法原则 ↓ 损害结果发生地法
2.损害发生时，被请求承担责任人与受害人在同一国拥有惯常居所，则应适用该共同惯常居所地国法。	➡ 共同惯常居所地国法
3.若从案件各种事实来看，侵权/不法行为明显与本条第1、2款以外的国家有更密切联系的，则适用该另一国家的法律。与另一国明显的更密切联系，可能是建立在先前存在于当事人之间且与侵权/不法行为密切相关的某种关系之上，如合同关系。	➡ 例外条款：最密切联系原则

图 4　《罗马条例Ⅱ》第 4 条的分析

第 4 条第 1 款一般性规定首先规定了侵权行为地在确定侵权行为法律适用中的作用,但此处仅仅适用了损害发生地国法(the law of the country in which the damage occurs),而没有适用侵权行为实施地法。第 2 款则采用了共同属人法,即当事人的共同惯常居所地法。第 3 款规定了例外条款,赋予法官在存在更密切联系的国家时,可以适用该更密切联系的国家的法律。

最后,关于侵权责任的法律适用,中国《涉外民事关系法律适用法》第 44 条进行专门规定,具体如图 5 所示：

《涉外民事关系法律适用法》	
第44条　侵权责任，适用侵权行为地法律，但当事人有共同经常居所地的，适用共同经常居所地法律。侵权行为发生后，当事人协议选择适用法律的，按照其协议。	➡ 侵权行为地法；共同经常居所地法；意思自治

图 5　《涉外民事关系法律适用法》第 44 条的分析

在该条规定中,既有传统侵权行为地法的沿用,也有新的连结点共同经常居所地法的采纳。更为重要的是,第 44 条采纳了当事人事后选择的意思自治原则,这在立法层面是一大突破。

综上,关于中美欧在一般侵权法律适用上的规定,可以肯定的是,侵权行为地在确定侵权行为的法律适用上发挥重要作用。但各方差异较大,具体来说，首先，美国采纳了最密切联系原则，这一原则作为例外条款也为欧盟所采纳，但中国在具体规则上没有采纳这一方法。考虑到《涉外民事关系法律适用法》第2条的规定，应该说第44条的规定体现了这一原则。其次，共同惯常居所地国法为中国和欧盟所采用，但在美国，只是法院权衡最密切联系的因素。最后，中国在立法中采纳了事后的当事人意思自治原则，这可以说是意思自治原则在侵权行为领域的一个突破。但这一突破没有被欧盟和美国所认可。

国际私法的“场景”

“场景”原义是指戏剧电影中的场面，具体到我们的学习中，“场景”指的是知识点适用的具体情景，是将知识的“图景”与具体实践相结合。案例就是国际私法知识点应用的具体“场景”。在国际私法的授课过程中，“场景”就像一首诗，是一幅幅生动的画面，使大家可以马上身临其境。在每节课程中会铺设好相应“场景”，在具体“场景”中领悟国际私法的具体内容。

□ 场景设计能够体现冲突法思维

思维主要体现的是一个人的思考习惯，其通常外现为一个人的行为方式。在国际民商事争议的处理中，冲突法思维方式的存在与否，对于争议的解决有重要影响。对于当事人而言，冲突法思维能够带来收益的最大化；对于律师而言，冲突法思维能够提供实现当事人利益多元化的路径；对于法官而言，不仅可以多元的方式处理案件所适用的法律，而且能够不触动国家利益的底线。为了更好地理解，我们以一个假定的案件作一说明。

> 中国公民甲从美国纽约机场乘坐飞机准备回国，在纽约机场与准备前往中国的美国公民乙发生冲突，公民甲受到一定的伤害，在回到北京经医院检查发现，某部位骨折，在北京住院治疗近半个月伤愈后，甲准备向乙寻求赔偿。

对于这一案件，一个不懂冲突法的人通常的选择是在北京起诉，适用中国的法律来审理案件；一个了解冲突法的人从成本和收益角度会考虑如下四种

选择(如表1所示):

表1 起诉的选择

选择	管辖权	法律适用
A	北京	中国法
B	北京	纽约州法
C	纽约	中国法
D	纽约	纽约州法

考虑到纽约州法在人身赔偿方面通常要高于中国法的规定,适用纽约州的法律无疑会取得较高的收益。因此,B是最佳的选择。

但是对于一个深刻了解冲突法的人来说,他需要进一步考虑判决的承认与执行,尤其是外国人乙在中国境内是否有可执行的财产。如果有可执行的财产,则上述B是最佳的选择;如果在中国境内没有财产,则需要考虑到美国申请承认和执行,而美国各州法院对于金钱判决大都采用重新审理程序,对于中国法院的判决重新审查,其所耗费的时间、精力和一个在美国开始的诉讼没有多大的区别。因此,在这种情况下D可能才是最为理想的选择。

通过此假定的场景,希望大家能够领会到国际私法的价值,简单来讲,就国际民商事案件的实践来说,冲突法制度和方法贯穿国际民商事案件处理的全过程。管辖权问题是一国是否有权审理案件的前提;法院地的冲突规则是该国法院处理涉外案件必须适用的法律,法院不能逾越法律适用法而直接适用某一实体法。而判决的承认和执行既涉及当事人权利义务的最终实现,也涉及该国法院判决的效力。

领会冲突法实践价值能够非常清晰地体现一个人的冲突法思维水平,而冲突法思维的高低对于涉外民商事争议的解决有着实质性的影响。首先,在选择法院阶段,需要当事人和律师能够根据案件的争议和事实,综合权衡案件的连结因素,结合有关国家的法治环境,尤其是司法环境以及诉讼成本和收益,来选择解决争议的法院。这一阶段是案件解决的最初阶段,但当事人良好的预判,将会为案件的解决争取良好的结果。其次,在法律适用阶段,在法院受理案件后,需要当事人根据案件的事实,进行准确定性。同时,根据案件的连结因素,积极主张对自己有利的法律,并根据法院地法的规定,请求法院查明或自己主动提供相关的实体性法律,并能够根据冲突法的一般制度,如先决问题、实体和程序的区分、反致、法律规避、直接适用的法、例外条款,以及公共秩序保留等,来实现自己的利益。最后,在判决的承认与执行阶段,对于案件的当事人和律师而言,其不仅能够积极主张法律适用,而且能够评估案件的综合成本与收益,尤其是判决作出后,认真权衡是否需要到另一个国家申请承认和执行,以及在另一个国家申请承认和执行的时间消耗、可能支出的成本、判决被承认与执行的可能性等。

因此,我最终想提醒同学们注意:涉外民商事案件的处理不仅离不开冲突法知识,更需要能够运用冲突法知识,综合地考虑成本与收益,制定争议解决方案和策略。而要形成完整的冲突法思维,无疑需要长期的冲突法训练,需要有国际化的视野和比较法的方法。

□ 场景设计能够领悟法条的利弊

构建“场景”的方式,不仅能够帮助大家熟练掌握国际私法的内容,而且有利于发现法条的科学性。以《涉外民事关系法律适用法》第 37 条为例:

> 当事人可以协议选择动产物权适用的法律。当事人没有选择的,适用法律事实发生时动产所在地法律。

根据该条的规定,对于普通的动产物权,立法规定首先由当事人选择,而当事人没有选择的,适用法律事实发生时动产所在地法律。因此,可以说是当事人意思自治与物之所在地法相结合的方式。下面,我们将该法条与具体的案件结合起来,展示该条所适用的场景。

富运发展有限公司诉成都新津宝珠酒业有限公司曲酒所有权纠纷案〔1〕

2004 年 8 月 10 日,原告富运发展有限公司(系英属维尔京群岛法人,以下简称富运公司)与被告成都新津宝珠酒业有限公司(以下简称宝珠公司)签订租用协议,约定:富运公司提供研发的酒类陈化器,在宝珠公司内对新酒进行实地试验;富运公司提供 5 万元的场地租用费。宝珠公司负责提供厂房,并妥善保管富运公司的产品。后富运公司支付了宝珠公司半年租用场地费等共计 5 万元,并购得 50.797 吨曲酒,存放于宝珠公司库房内。2005 年,因宝珠公司与他人民事纠纷一案,四川省新津县人民法院

〔1〕 四川省成都市中级人民法院民事判决书,(2005)成民初字第 850 号。

> 查封了属于富运公司所有的该批曲酒。富运公司遂向四川省成都市中级人民法院提起诉讼,请求人民法院判令确认其对该批曲酒的所有权。

如果按照《涉外民事关系法律适用法》第37条的规定,假定本案双方当事人选择适用英属维尔京群岛的法律,则本案的法律适用无论对于问题的处理,还是规则的科学性来讲,都有欠妥当。由于本案是确权之诉,且相关标的物在中国境内,物之所在地法仍然是最好的选择和首要的原则。由此可见,本条法律规定的妥当性和科学性自然呈现。

同样,通过一个个场景,我们也能迅速地了解法条在保护国家利益方面的优势与不足。以《涉外民事关系法律适用法》第38条为例:

> 当事人可以协议选择运输中动产物权发生变更适用的法律。当事人没有选择的,适用运输目的地法律。

运输中的物处于不断的移动之中,尤其是运输中的货物可能正在公海上或空中,无法确定所在地。但运输中的物权关系通常有三个可供选择的地点:始发地、目的地和过境地。过境地一般与案件不具有实质性联系。在具体案件中可以根据需要保护的当事人利益,来决定适用始发地国法律还是目的地国法律。一般来说,始发地国法律有利于保护卖方利益;目的地国法律则有利于保护买方利益。尤其是考虑到中国是货物贸易大国,比如,在疫情笼罩下的2020年,全球经济普遍低迷,然而中国经济却逆流而上,我国进出口贸易总额达到32.16万亿元,同比增长1.9%,是全球外贸唯一正增长的主要经济体。我国出口总额同比增长4%,而进口则微降0.7%,贸易顺差增加27.4%。这就意味着很大程度上中国的卖方市场要大于买方市场,在当事人没有选择法律的情形下,中国至少要考虑将始发地国法律作为选项之一。

上述讨论都是在国际私法的学习中应用"场景"的例子。在教学和学习过程中,应始终将知识点与具体的图景相结合,形成简单易懂、生动活泼的讲授风格。实践中的国际私法是由一个个具体的"场景"构成的,学习国际私法要具备"场景"意识。同学们应善于运用"场景"式方法来深入领悟国际私法的知识,既能够对具体知识有更深刻的认识,也能享受生动有趣的学习方式和过程。

■ 结语

从“图景”到“场景”，我们希望为同学们描绘一幅从宏观到微观、从抽象到具体的壮美画卷。而最终，我更希望大家在学习国际私法的同时能够有所体悟、有所思考。国际私法秩序直接关系到民心相通、关系到经贸往来，中国无疑应积极推动国际私法秩序的发展和演化。在今后的学习当中，希望大家能关注如下几个问题：

第一，中国在建构新的国际私法秩序中应重视国际私法的价值。党的十九大报告明确提出，新时代我们要坚持对外开放的基本国策，积极促进“一带一路”国际合作，努力实现政策沟通、设施联通、贸易畅通、民心相通，打造国际合作的新平台。然而，由于社会背景、法律文化、历史传统、国家体制等的不同，各国调整民商事的法律必然有所差异。在绝对的属地主义已经被抛弃、殖民的方法不可行的今天，国际私法方法即冲突法方法和统一法方法，是协调法律差异的唯一方法。中国只有善于利用这两种方法，才能打造“一带一路”所提倡的开放、包容的国际合作新模式，才能形成民心相通的命运共同体。

第二，中国应当积极参与国际规则的制定，不仅要重“公”还要重“私”。中国参与国际规则的制定是一项长期且艰巨的任务，而且一直以来由于国际公法规则和公法事务常常直接涉及国家形象和地位以及政府部门的职责，我国在加入国际规则或参与国际规则制定方面，存在重视公法领域的国际规则而忽视民商事领域国际规则的现象。中国需要积极参与国际规则的制定，增强我国在国际规则制定中的影响力。而积极参与国际规则的制定，无疑需要重视各种层面统一国际私法规则的起草，不管是条约，还是示范法、立法指南、立法建议、示范条款等。尽管条约在国际私法规则统一化方面地位无可撼动，但其他统一国际私法规则的方法和形式在形塑国际私法秩序中也常常发挥重要的作用。因此，培养一大批能够参与统一国际私法软硬法规则起草的人才，就成为当下中国的客观需求。

第三，中国应重视国际私法基础性人才的培养。在涉外法律人才的培养中，国际私法是基础性的学科，是培养高端涉外法律人才不可或缺的知识环节。国际私法的基础性一方面体现在它贯穿于涉外民商事案件处理的全过程，而不管案件的解决是通过国际民事诉讼的方式还是通过国际仲裁的方式；

另一方面，大量统一国际私法规则的制定和国际法律事务的处理，均需要具有国际私法知识的法律人才。近年来，受合同条款、法律背景、文化背景等因素影响，我国企业海外仲裁绝大多数以败诉而告终。[1] 海外仲裁中90%以上案子的被告是中方，结果往往是外方胜诉。国内企业原则上都是败诉，而且惩罚性的赔偿数量大，没有达到减损的目标。个别胜诉的也"虽胜犹败"，仲裁费用与大量时间精力的消耗使得胜诉企业同样不堪重负。[2] 中国国际贸易促进委员会经调研发现，中国企业在对外经济交往时，90%会选择仲裁来解决纠纷。选择仲裁的又有90%是选择外国仲裁机构。在外国仲裁机构解决的这些案子当中，中国当事人90%都是败诉的。这昭示中国不仅要加大国际民商事争议解决机制和机构的建设，更为重要的是亟须加强国际私法人才培养。如此多的案件败诉，进一步说明中国不仅仅缺乏高端的国际私法人才，而且需要大量了解国际私法基础性知识的人才。《国家中长期教育改革和发展规范纲要(2010~2020年)》早就提出："适应国家经济社会对外开放的要求，培养大批具有国际视野、通晓国际规则、能够参与国际事务和国际竞争的国际化人才。""大批"国际化法律人才的需求，应考虑到国际私法的基础性价值，加强国际私法的教育。在国际私法的教学和学习中，教师和同学们如果能够很好地运用国际私法"图景"和"场景"的方法，不仅有利于在宏观上理解国际私法的价值和功用，而且有利于在微观上学习好国际私法的知识点。

提问：中美博弈给国际私法带来了怎样的影响？

回答：中美博弈给国际私法学界带来的最大问题是美国法的域外适用。传统上，法律分为公法和私法，一般而言，公法具有域内效力，私法才可以进行域外适用。国际私法上提到的法律冲突，主要是私法上的冲突。比如，中国企业面临美国的频繁制裁，如针对高新技术产品的出口管制，或者通过"301调查"对中国的施压，又或者援引"232条款"以国家安全为

[1] 参见何欣荣、贾远琨：《中国海事纠纷迭起　境外海事仲裁败诉率高达90%》，载《经济参考报》2011年12月13日，第8版；张维：《语言不通程序不熟费用昂贵理念迥异　中国企业海外仲裁十案九败》，载《法制日报》2011年8月8日，第6版。

[2] 张维：《语言不通程序不熟费用昂贵理念迥异　中国企业海外仲裁十案九败》，载《法制日报》2011年8月8日，第6版。

由对中国开征钢、铁、铝等方面的关税等。2017年,中国被制裁的实体和个人只有150多个;到2021年,这一数字已经增加到840多个。作为应对,如今中国也加速了立法进程,比如《反外国制裁法》《反垄断法》《证券法》中的域外效力条款等,也开始主张中国法进行域外适用。在此种情况下,如何明确划分立法管辖权、司法管辖权和执法管辖权,保证我国法律的效力和实施,是给国际私法学者带来的一个重要的难题。

提问:学习国际私法与国际公法的方式有何不同?

回答:国际公法的重要性一定程度上体现为其涉及国家、政府的权力和职责,一些国际事务的处理都可能掀起世界局势的巨大波澜。而国际私法的重要性则在于保障企业和个人的利益。就内容而言,国际公法强调领土主权、国际条约的订立、国际争端的解决等,国际私法则主要研究法律冲突、冲突规范、管辖权、仲裁等。无论学习哪一门课程,都需要多读、多想、多分析。

提问:国际私法研究中是否存在同一性和斗争性?

回答:美国国际私法理论强调“方法”,如卡弗斯的“规则选择”、柯里的“政府利益分析”、里斯的“最密切联系说”等,强调灵活性,赋予法官比较灵活的空间。而以欧盟为代表的成文法系国家有具体的冲突规则,比如《罗马条例Ⅰ》和《罗马条例Ⅱ》,相对而言,这些规则带来的秩序更具有确定性和稳定性。对这一问题的看待,不妨参考我国的《涉外民事关系法律适用法》,这部法律中既有许多含有客观性连结点的冲突规范,也规定了最密切联系原则(第2条第2款),体现了灵活性和一致性目标的兼容。

提问:直接适用的法、法律规避、强制性规则与公共秩序保留的关系与区别是什么?

回答:对于这一略显抽象的问题,上述概念在国际私法上有些是有确定答案的,有些则没有。直接适用的法一定是强制性规范,如果法律认为当事人违反了强制性规范,故意制造连结点,那就构成了法律规避。比如,在外汇管制的情况下,当事人故意采取一定的方式去借贷外汇,那就可能构成法律规避,违反了强制性规范。还有一些法律是禁止性的规范,比如“三代以内的旁系血亲不能结婚”。如果当事人故意制造连结点与其表妹结婚,也可能构成法律规避。但是,上述的所有概念都不一定能够构成适用公共秩序保留的情形。公共秩序是一个国家的主权、安全和法律的基本原则。大家切忌尝试给公共秩序确定一个固定的范围,因为“公共秩序”是一个“安全阀”,在关键的时刻保护国家利益,是弹性的。公共秩序是一个发展的概念,一般管理性的规则无法上升到公共秩序的高度,一个国家的公共秩序保留通常是其法律文化的重要体现,越开放的大国,公共秩序的范围越狭窄。

提问:国际私法上最密切联系原则与自由裁量权的关系是什么?

回答:举个例子,最密切联系原则是中国、美国和欧盟国际私法之间最大的共同点之一。但尽管上述三个国家和地区都采纳了最密切联系原则,但美国主要侧重确定准据法的“方法”,列举潜在的连结点,让法官在法律选择原则的指引下自行考虑,这是一种更具弹性的方法。但是对于成文法系国家和地区,尤其是欧盟和中国而言,其采纳的是特征性履行方法。特征性履行方法有自己的判断规则,来确定哪一方当事人的履行最能体现合同的特征,实际上具有确定的规则,法官的自由裁量权相对较小。

提问:我国支持当事人选择与民事关系没有实际联系的法律的依据是什么?

回答:首先,我国允许当事人选择法律适用的领域主要包括信托、仲裁、动产物权、合同、事后选择的侵权,以及知识产权转让等。在上述领域中,除了侵权之外,其他几乎都是合同类争议,当事人可以对其实体权利进行自由处分。所以此时,法律原则上允许当事人对于其法律选择进行自由处分。其次,上述领域主要囊括的是财产性权利。而一些涉及身份的财产性权利,如夫妻财产制问题,允许当事人选择法律的范围也是有限的。最后,《涉外民事关系法律适用法》第 10 条规定了外国法的查明。当事人的确可以选择没有任何实际联系的法律,但是当事人选择法律后须根据《涉外民事关系法律适用法》第 10 条的规定提供法律,否则法官就会以“不能查明外国法”为由适用法院地法。这实际上要求当事人“选法”时必须“知法”，这对于当事人的选择范围也是一种限缩。

提问：更多的诉讼技巧是否意味着更大的自由裁量权？

回答：国际私法的案例中多次提到诉讼技巧，是因为涉外案件的可选择性要远远大于国内案件。对于一个国内的侵权案件而言，一个侵权行为发生了，在管辖权问题上只有两种选择：侵权行为地和被告住所地，所指向的都是国内法院，案件适用的实体法也是一样的。但是如果是一起涉外的网络诽谤案件，那世界各个角落都有可能成为案件的侵权行为地。这就给予当事人极大的可利用空间。当事人可以选择更有利于自己的实体法，也可以“挑选法院”，如英国的诽谤诉讼管辖权范围很大，其法律适用也与管辖权的确定密切相关。随着学习的深入，知识和经验的积累，就有可能利用诉讼策略在全球范围内选择对当事人最有利的法律。

▣ 阅读指引

☐ 参考教材

1. 韩德培主编：《国际私法》（第3版），高等教育出版社、北京大学出版社2014年版。

国际私法学最经典的一本教材，囊括了冲突法、国际统一实体性法、国际民事诉讼和国际商事仲裁等方面内容，对国内外立法、司法实践进行了广泛而深入的考察。

2. 何其生主编：《国际私法入门笔记》，法律出版社2019年版。

系统化地串联了国际私法的课程内容，同时辅以大量生动的案例分析，能够使同学们进一步了解国际私法的实践。

3. J. G. Collier, *Conflict of Laws* (3rd ed.)，郭玉军编著，中国人民大学出版社2001年版。

英文经典教材，能够拓宽同学们的视野，适合想要用英文拓展学习国际私法的同学使用。

☐ 拓展书目

1. 黄进、何其生、肖凯：《国际私法：案例与资料（中、英文）》，法律出版社2004年版。

集合了大量的案例与资料，侧重于对国际私法应用与实践的考察，适合对国际私法实务感兴趣的同学阅读。

2. 肖永平：《国际私法原理》，法律出版社2003年版。

探讨了国际私法学领域十分重要并具有较大争议的理论问题，形成了深刻的见解，具有较高的理论深度，适合愿意进一步深耕国际私法基础理论问题的同学阅读。

3. 何其生:《多元视野下的中国国际私法》,高等教育出版社2019年版。

立足中国国际私法实践,采用多元化视角,帮助同学们以较广阔的视角学习中国国际私法理论与实践的发展。

4. 何其生:《比较法视野下的国际民事诉讼》,高等教育出版社2015年版。

以比较法视野考察了国际民事诉讼中的管辖权、域外送达、域外取证、判决承认与执行等重要问题,对美国、欧盟、英国和中国等的国际民事诉讼立法、司法实践进行了系统化研究,适合有志于进一步研究国际民事诉讼的同学阅读。

5. Lawrence Collins, et al., *Dicey, Morris and Collins on the Conflict of Laws*, 14th, ed., Sweet & Maxwell, 2006.

英国非常经典的国际私法著作,迄今已再版十余次。本书从普通法视角对管辖权、法律适用和判决承认与执行等问题进行了系统性的介绍和阐释,引用了大量经典的判例,兼具理论研究的广度与深度,适合有志于以英语进一步加深国际私法理论学习的同学。

6. Gary Born, *International Arbitration: Cases and Materials*, Wolters Kluwer, 2011.

国际商事仲裁领域的经典著作,作者广泛考察不同国家的仲裁法律制度、不同机构和组织的仲裁规则和当事人的争议解决实践,并进行了对比和分析,适合有志于用英语进一步学习研究国际商事仲裁的同学。

7. Richard C. Wydick, *Plain English for Lawyers*, 5th ed., Carolina Academic Pr, 2005.

简明扼要地论述了法律英语的应用、英文法律文书的写作等问题,适合有志于提高自己法律英语水平的同学。

北大法学进阶

国际经济法的学习路径

张智勇

关于作者

张智勇

北京大学法学院副教授，博士生导师。主要研究领域为国际贸易法、国际税法、国际投资法、国际金融法、欧盟法。曾赴欧盟、美国、韩国、新加坡、日本和我国香港特别行政区、我国台湾地区进行学术访问和交流。

主要讲授以下课程：国际经济法、国际税法、国际商事融资与税收。

本文的主题是重点提炼和讲述国际经济法的学习路径。

对于国际经济法的学习是分为不同阶段的。本科阶段主要目标是掌握国际经济法的整体框架，对于基础知识有一定的了解。硕士阶段则会专门开设国际贸易法、世贸组织法、国际投资法、国际金融法、国际税法等课程，将知识面进一步拓宽并深入学习。博士阶段则是要对这诸多领域中的某一问题作出超越前人的研究。

大家目前所处的还是基础阶段，因此，要特别注意对国际经济法这门学科整体框架的把握，在学习各部分的具体知识点时，也要更多地联系与思考，尽量把各种知识融会贯通。在我看来，掌握国际经济法的基本知识其实也是一种素质教育。在目前的国际背景下，相关的知识能帮助大家更加正确、深入地去理解某些时事热点问题，也能够更好地去评判一些媒体的言论。

1. 国际经济法概述

与民法、刑法等领域不同，国际经济法在国内与国际领域都没有一部统一的法典。在学术界，对于国际经济法在学理上的调整范围问题也还没有定论。应当怎么理解国际经济法与其他学科（比如国际私法）的关系？学科分类只是学理上的一种划分，即使对于国际私法本身，学界也有不同的理解。比如，冲突法（法律适用法）是学界公认的国际私法的核心内容之一。但也有不少教科书采用“大国际私法”的观点，把国际货物买卖法都归入国际私法的范围，因为它是一种“跨境的私法”。而对于国际经济法中的某些领域（典型的如 WTO 法），有的学者也将它划分为国际公法，因为它主要以条约的形式存在，调整的主要是 WTO 成员政府之间的关系。

学理上的争论是正常的，不过，学理上的争论是一个方面，而法律的一个首要任务是解决问题和确立相关秩序。实践中，在解决一个国际经济案件的时候，通常会涉及多个领域或部门的法律规则。例如，在一项国际货物买卖交易中，可能涉及的法律规范就包括合同法、出口管制法、外汇管制法等“私法”和“公法”领域法的国内法规范；而国际货物买卖中又可能会涉及运输、保险、支付以及税收等问题，这就有可能会涉及相关领域国内法和/或国际条约的适用。可见，由于“跨境”的特殊性，即使在一个看似最为简单的国际货物买卖交易中，所牵扯的国际经济关系也是极为复杂的。当事人忽略任何一个交易环节,都可能陷入交易的风险之中。此外,在立法机关制定法律时,一般也不会拘泥于学理上的学科划分。比如,我国早期的"外资三法"(包括《中外合资经营企业法》《外资企业法》《中外合作经营企业法》)既有外资管理的内容,也有企业组织形式和结构等企业(公司)法等方面的内容,这与我国改革开放初期没有公司法有关。不过,2020年起施行的《外商投资法》就不再包含外商投资企业组织形式和架构等方面的内容,因为我国已有了《公司法》。另外,制定《外商投资法》也需要考虑我国作为缔约方的国际投资协定的情况,这就有了《外商投资法》关于准入前国民待遇和负面清单与我国作为缔约方的协定中待遇关系的条款。

因此,有必要对国际经济法的相关所有领域都进行了解和学习,这样才能从整体上对这一学科进行把握并有助于全面解决实际问题。从内容上看,国际经济法这一学科调整的关系大致包括国际贸易关系、国际投资关系、国际货币金融关系、国际税收关系等。

在学习国际经济法的过程中,法律学习的方法也是通用的。在这里,我想再强调以下几点:首先,建议阅读相关条约或外国法的原文,尤其是条约文本并非以中文作成的情况下。即使是在有中文官方文本的情况下,也需要找出英文本来进行对照,帮助理解。比如《联合国国际货物买卖合同公约》(CISG)中,买卖双方均可主张的一种违约救济方式为"declare the contract avoided",官方的中文本翻译为"宣告合同无效"。不过,这里的"无效"与国内法中的合同无效的含义是不同的。除了更好地理解条文外,养成阅读英文法律文本的习惯对于提升大家的法律英语的阅读与写作能力也会有帮助。其次,读一些外文案例。比如WTO争端解决机制下专家组和上诉机构的报告。虽然这些报告篇幅比较长,但其法律分析、解释和推理是很严密的。最后,以发展的眼光学习和理解国际经济法规则。比如,我国最初参加CISG是作出了合同书面形式的保留的,但这一保留业已取消了。不过,早期的教科书仍是讲我国存在书面形式保留,这不能苛求当时的作者。不过,如果不了解新的发展,在解决实际问题时就会出现差错。再如,WTO多边贸易体制是从1947年的关贸总协定(GATT)发展而来的。目前,WTO体制也遇到了挑战。除了理解WTO的法律制度外,还可进一步思考GATT为什么能够发展成为WTO以及如何看待WTO所遇到的困难。事实上,大家在学习时要注意培养自己的独立思考能力和解决问题的思维路径。大学学到的知识可能很快会过时,而且大家也不可能在大学时把今后需要的知识都学完。这种情况下，思维能力就至关重要，它可以帮助你发现新问题并尝试解决新问题。此外，在学习中，大家也要进行国际规则和国内法的对比，分析其异同，思考国内法和国际规则之间的关系，包括国内法对国际规则形成和适用的影响。

2. 国际经济法中的三类规则

虽然国际货物买卖法、国际投资法、WTO 法等都可以作为一门单独的课程进行讲授，但是它们作为规则其实具有一些共同的特点。我们学习过的国际经济法规则大致可以包括国内法、条约和国际商事惯例。此外，根据不同的标准与审视的角度，国际经济法规则也可以有其他类型的划分。比如，美国著名教授 John H. Jackson 就将国际商事法律分为了三类：适用于交易的私法、政府的贸易管制法与国际法规则。

第一类规则包括合同法、货物买卖法、保险法、公司法、海商法等。这类私法规则主要调整的是平等主体之间的商事关系。第二类是政府管制贸易的法律，包括与进出口相关的法律、关税制度、国内税制度等。这一类法律对于商事交易可能会产生直接的影响，如影响合同的效力；同时，这类管制性法律也可能会对交易产生间接的影响，如会造成贸易壁垒的效应，影响交易的正常进行。这也是为什么国际社会需要第三类法律规则，即通过国际法规则来对国家或政府的国内法进行协调，或是限制、禁止某些做法。从解决问题的角度来说，这三类法律是不能割裂开来看待的，我们都需要有所了解。

此外，针对不同交易类型的立法，背后的理念是不一样的，调整跨境交易与调整国内交易的规则就存在区别。比如，对于商人之间的交易，虽然 CISG 的很多规则与国内合同法没有实质区别，但由于它调整的是跨境交易，就需要与纯粹的国内交易进行对比，把握跨境交易的特点，思考跨境交易中有什么特殊的法律问题。更细致地说，从国际货物买卖的整个过程来看，国际货物买卖合同的履行也涉及运输、支付方式和保险等问题，这其中每一个环节中跨境性带来的特殊问题都需要大家进行仔细地考量。我以国际贸易法领域的 Incoterms 与 CISG 两项规则为例，来阐述跨境性带来的特殊问题。

3.《国际贸易术语解释通则》(Incoterms)

为了便利交易进行，减少交易成本，为交易提供法律确定性，商人之间形成了一套自己的规则，或可称为国际商事惯例。基于合同自由和当事人意思自治，国内法一般也承认当事人选择适用国际贸易惯例的效力。Incoterms 就是一个典型的国际商事惯例。Incoterms 包含了一系列在货物销售商业合同实践中使用的贸易术语，主要规定了货物从卖方转移到买方的过程中所涉及的责任、费用和风险承担的划分。Incoterms 先后在 1953 年、1967 年、1976 年、1980 年、1990 年、2000 年、2010 年和 2020 年进行过 8 次修改和补充，现在的最新版本为《Incoterms 2020》。现阶段需要把握以下要点：(1) 各术语是适用于所有运输方式，还是限于海运；(2) 各术语下买卖双方的基本义务；(3) 各术语下卖方报价中是否包括运费和保险费；(4) 费用的划分问题，即买卖双方承担费用的范围；(5) 风险转移的时间点，以及风险划分与费用划分的关系；(6) 进出口手续办理问题；(7) Incoterms 术语能够解决哪些问题，同时不能解决哪些问题。

在学习中，我们要注意比较这些术语的区别，以及一些术语存在的特殊性。例如，大家可以比较一下，各术语中风险转移的时间和费用的划分是否都是重合的？我们会注意到，在这个问题上，CIF 等术语是比较特殊的。因为在 CIF 术语下，风险虽然是在装运港装上船时转移，但卖方要付费订立将货物运到目的港的运输合同。这也是为什么 CIF 术语后跟的是目的港，而 FOB 等术语后跟的是装运港。另外，在进出口交易中，还会存在进出口手续的办理以及费用问题。在绝大多数的术语中，出口手续基本上由卖方来办理，进口手续由买方来办理，但有两个术语是例外：一个是 EXW（买方办理货物的出口清关手续），另一个是 DDP（卖方办理货物的进口清关手续）。

至于使用哪种术语对于买卖双方更有利，这主要取决于商人的商业决策，但是我们从法学的角度也可以分析其中的风险。比如，在 CIF 术语下，如果采用信用证方式付款，由于某些银行不负责审查单据的真伪性，买方受到欺诈的可能性相对来说会大一些；而在 FOB 术语之下，由于买方需要自己负责运输和保险费用，从而降低了一部分风险。值得注意的是，如果当事人约定了某一贸易术语，但是约定的具体标准和规则与 Incoterms 不完全一致，则要以当事人的意思自治优先。

4.《联合国国际货物买卖合同公约》（CISG）

在国际贸易领域，Incoterms 相当于为当事人双方的权利义务提供了一个标准化的合同范本，但它并不解决国际货物买卖的全部问题（比如 Incoterms 不涉及违约救济）。因此还是需要一部国际贸易的统一法，这里最典型的就是 CISG。

1980年3月，CISG在由62个国家代表参加的维也纳外交会议上正式通过。截至2020年，共有93个国家参加了公约。中国也是公约缔约国，其他亚洲国家如新加坡、日本、韩国等国也是缔约国。但是，英国仍不是CISG的缔约国。

CISG在制定的过程中对各国国内的合同法、法理学说和商事惯例进行了充分地比较和融合，提出了一套受到各法系普遍认可的规则体系。值得注意的是，CISG并非旨在取代和修改各国的国内法规则，而是给出了一套可供交易双方选择的、更加符合国际贸易特殊要求的规则。

国际贸易统一法依然要关注当事人的意思自治，而且应当特别注意当事人的合同约定与CISG的关系。在CISG下，当事人可以排除适用公约。但是，当事人如何约定才构成排除适用，则要在个案中进行解释。即使没有排除CISG，当事人的约定依然优先于公约。比如，CISG规定涉及运输时在货交承运人时风险发生转移，但如果当事人约定采用Incoterms中的D组术语，风险则在目的地才发生转移。

CISG的适用可以解决合同的订立问题、买卖双方权利义务问题以及违约救济方式问题。但CISG作为统一法也有它的局限性，如对于合同的效力与所有权转移问题就没有规定，此时仍然需要依赖相关国家的国内法规则。

5. 国际规则产生的背景

我们在学习法律时，除了知道规则本身之外，还需要对规则产生的背景有所了解或思考。一种国际规则的产生其实是多种因素叠加的结果。除了掌握制度本身之外，我们也需要理解制度形成背后的历史背景和政策导向。比如，当一个国家在推行贸易保护政策的时候，其真正想要达到的目的和直接的原因是什么？什么样的国际合作方式对国家而言更有利，双边合作抑或区域性和多边合作？大家可以结合所学的其他学科的知识，如国际经济和国际政治的知识，来思考这些法律制度的产生与发展。

法律条文本身是枯燥的文字，但法律背后的故事却是十分精彩的。比如，目前的国际经济法体系是美国在“二战”后主导建立的国际经济秩序，但它们是在什么背景下形成的呢？其实，作为战后制度构建者的美国，并未加入联合国的前身——国联。第一次世界大战结束后，威尔逊总统就提出了著名的“十四点计划”，其中包括贸易自由、航海自由、集体安全等内容，可以看出，这些观念与后来成立的联合国和其他国际组织的宗旨非常类似。但这些理想化的观念在当时并没有被美国国内所接受，而是在第二次世界大战之后才由民主党的罗斯福总统推进的。

我们成长和生活在一个全球化的时代，对于 WTO 下形成的国际经贸规则已经习以为常。但我们还应当知道，在 1947 年 GATT 形成之前，其实也是存在一个相对自由的国际贸易体系的，即英国在其强盛之时建立的在英联邦之间的贸易特惠制度。但在“二战”之后，美国不再接受这种体系，因为美国被排除在这一体制之外。美国希望推出一套新的多边贸易体制，而“二战”又给美国提供了得天独厚的条件，GATT 也是在这样的背景下诞生的。

实际上，美国构建战后的国际经济秩序也并非一蹴而就，它同样需要与其他老牌资本主义国家和苏联等国进行谈判与妥协。在货币金融领域，在谈判构建国际货币基金组织（IMF）的过程中，国际间就存在两种不同的方案。一种是美国提出的“怀特方案”，另一种是英国著名经济学家凯恩斯提出的方案。凯恩斯在学识上显然远高于怀特，但他的方案最终并没有被接受，后来的 IMF 几乎完全是根据“怀特方案”构建起来的。这就体现了在国际经济秩序的构建中国家力量的博弈，相信了解这段历史，对于大家理解国际经贸规则的形成与发展会有不小的帮助。另外，最初的 IMF 协定规定了美元与黄金相挂钩（美国承担以 35 美元兑换 1 盎司黄金的义务，这一标准实际上来自当时美国的国内法），其他 IMF 成员国的货币与美元挂钩或规定其含金量。这实际是让美元承担国际中心货币的作用。但是，这一“双挂钩”安排先天存在“特里芬两难”问题。1971 年，美国放弃美元兑换黄金的义务。不过，大家也可以思考，这是否更有利于美元的霸权？

此外，在资本流动方面，大家可能会觉得战争期间相关的交易（特别是敌对国之间）会完全停滞。但实际上，即使在“二战”期间，敌对国家的企业、银行之间的交往与资金流动仍然进行着。例如，在国际清算银行（BIS）的体制下，英国、德国的银行家还是会定期见面、开会，还是有生意可做的。这些经济往来和私人交往不但影响了战争的局势，而且对于战后秩序的恢复也起到了不小的作用。成立之初，BIS 作为一个中央银行家们的俱乐部，它的核心业务是管理“一战”后的德国赔款。但它的设计者，包括英格兰银行行长诺曼与德意志帝国银行行长沙赫特，却要把 BIS 缔造成一个不受政治控制而又能让资本大规模流动的跨境金融体系，一部“永恒的货币机器”，一个央行的央行。尽管在后来的发展中，BIS 并未实现这一目标，但它几经转型，直至今日依然在国际经贸领域发挥着重要的作用。

以上只是举了几个例子。相信随着学习的深入和思想成熟度的提升,大家会对国际经济法产生更加深刻的认识。除了课题讲授和阅读教科书之外,大家还可进一步阅读相关领域的专著或论文,这有助于拓宽知识面、提升思维能力,从而不再片面、局限地去认识一些问题和现象。

6. 案例分析

对案例进行思考和分析是学习国际经济法的一个方法,它可以很好地检验大家知识掌握的程度以及融会贯通的能力。下面我们就以一个国际货物买卖方面的教学案例为例,帮助大家理解国际经济法案例的分析路径。基本案情如下:

> 营业地位于甲国的A公司与营业地位于乙国的B公司签订了从B公司购买1000台某种型号空调的合同,采用《Incoterms 2020》的CIF价格术语,付款方式为不可撤销即期信用证。A公司按合同要求向X银行申请开证,X银行开出了以B公司为受益人的不可撤销即期信用证。B公司与承运人C订立了运输合同并将货物装船。承运人C向B公司出具了1000台空调的已装船清洁提单。在货物装到船上后,在开船之前,因船员装载其他货物时不慎造成了30台空调的损坏。在运输途中,又因货舱舱盖不严使剩余的空调中的50台湿损。A公司接收货物后,发现在上述80台之外的空调中,又有40台空调的表面包装破损,另有20台存在质量问题。A公司将质量完好的空调销售到丙国时,丙国M公司声称A公司销售的空调侵犯了M公司的知识产权,并要求其停止侵权并赔偿损失。
>
> 请回答:
>
> 1. 假设甲乙两国都是CISG的缔约国,在什么情况下A和B的合同纠纷可以适用CISG解决?假设乙国是CISG的缔约国,而甲国不是。如果A公司和B公司的合同纠纷在乙国法院审理,在什么情况下可以适用CSIG解决?
>
> 2. 根据CISG和《Incoterms 2020》,A公司能否就因船员不慎造成的30台空调的损坏向B公司索赔?为什么?
>
> 3. 根据CISG,针对B公司交付了20台存在质量问题的空调的情况,A公司可否采取宣告合同无效的救济方式?为什么?
>
> 4. 根据CISG,对于M公司主张A公司侵犯其知识产权的情况,A公

司能否要求 B 公司承担责任？为什么？

5. 根据《Incoterms 2020》，A 公司和 B 公司哪一方有义务订立保险合同？如果有保险合同，对于因货舱舱盖不严而湿损的 50 台空调，A 公司能否从保险公司获得赔偿？为什么？

6. 根据《海牙规则》，对于因货舱舱盖不严而湿损的 50 台空调，A 公司可否从承运人处获得赔偿？为什么？

7. 对于 40 台表面包装破损的空调，根据《海牙—维斯比规则》，A 公司能否向承运人主张索赔？为什么？

8. X 银行审核 B 公司提交的单据时认为单证表面相符，此时 A 公司获悉船只失火消息，A 公司以此为理由要求银行拒绝付款，X 银行是否应拒绝付款？为什么？

关于以上问题，解答如下：

第 1 问考查的是 CISG 的适用范围与适用条件。如果甲乙两国都是 CISG 的缔约国，根据 CISG 第 1 条第 1 款 a 项的规定，鉴于 A 公司和 B 公司的营业地在不同国家，且甲乙两国都是公约缔约国，在当事人并未根据 CISG 第 6 条排除 CISG 适用的情形下，A 公司与 B 公司的合同纠纷即可适用 CISG 解决。假如只有乙国是 CISG 的缔约国，且合同纠纷在乙国法院审理，那么根据 CISG 第 1 条第 1 款 b 项的规定，若乙国法院在适用国际私法规则确定准据法时，指引到了乙国或其他缔约国的国内法，在该缔约国并未依据 CISG 第 92 条对第 1 条第 1 款 b 项作出保留的情况下，CISG 有适用的余地。但是，假如乙国是中国，中国法院根据中国的国际私法规则确定合同准据法为中国法时，由于中国对第 1 条第 1 款 b 项做出了保留，此时中国法院将适用中国国内法而非 CISG。

第 2 问考查的是风险转移。关于风险转移在 Incoterms 和 CISG 中均有规定。如果当事人已有约定，则当事人约定优先于 CISG。由于当事人采用了 CIF 术语，首先需要根据该术语判断货物风险是否已经由卖方转移到买方承担。根据《Incoterms 2020》，在 CIF 术语之下，货物风险在装运港装货上船之时由卖方转移到买方。既然涉案合同项下的货物已经装载完成，船员在船上装载其他货物时对合同项下货物造成的损失已经属于买方的风险负担范围。根据 CISG 第 36 条和第 66 条，卖方不对风险移转到买方后的任何不符合同情形负有责任。不过，如果这种不符合同情形是由于卖方违反他的某项义务所致，卖方仍应负责。案例材料显示，该 30 台空调的损坏发生在卖方完成交货义务和风险转移之后，且该30台空调没有任何质量等问题，因此，无论是根据CISG还是《Incoterms 2020》，A公司都不能就船员造成的30台空调的损失向B公司索赔。

第3问涉及的问题是CISG下的合同救济方式。CISG第49条第1款规定了买方可以宣告合同无效的两种情形：卖方构成根本违约，以及卖方未在买方按照第47条第1款规定的额外时间内交付货物，或卖方声明他将不在所规定的时间内交付货物。本案需要判定的是B公司交付了20台存在质量问题的空调的行为是否构成根本违约。CISG第25条规定，如果一方当事人违反合同的结果，使另一方当事人遭受损失，以至于实际上剥夺了他根据合同有权期待得到的利益，则为根本违约，除非违约一方并不预知而且一个通情达理的人处于相同情况下也没有理由预知会发生这种结果。本案中，B公司交付的1000台空调中只有20台存在质量问题，应当不构成根本违约。在卖方非根本违约的情况下，作为买方的A公司只能要求损害赔偿或采取其他补救措施，而不能宣告合同无效。

第4问主要考查的是CISG第42条规定的卖方的知识产权担保义务。对于本题来说，需要分类讨论，看卖方是否事先知道A公司将会把货物销往丙国。虽然CISG第42条规定了卖方的知识产权担保义务，但是与此同时，鉴于知识产权的地域性，CISG同样规定了对这一义务的限制。卖方承担的知识产权担保义务被限于两个地点：一是买方营业地；二是合同预期的货物转售或使用地。如果买方自行转卖到其他国家，卖方不承担责任。换言之，如果B公司事先并不知道A公司要将货物销往丙国，则其不应当承担责任。此外，CISG第42条第2款规定的一些免责事由，在答题时也可以进行讨论。比如基于第42条第2款a项的规定，若买方A公司本就已知道或者理应知道第三方的权利或要求，但未在合理时间内通知卖方，或是第42条第2款b项下卖方遵照A公司的要求提供货物的，其同样无权要求B公司承担责任。

第5问涉及CIF术语的具体内容以及国际海上货物运输保险的知识。在《Incoterms 2020》的CIF术语下，订立保险合同与支付保险费用的义务在卖方，因此B公司有义务订立保险合同，但只承担订立最低承保险别（Institute Cargo Clause的C款或其他类别险别，如平安险）的义务。CIF术语下，卖方负有向买方交单（包括保单）的义务。因此，A公司取得保单后能否就因货舱舱盖不严而湿损的50台空调向保险公司索赔，需要考虑如下条件：一是A公司是否具有保险利益(或称可保利益)。由于空调湿损是发生在装船之后,风险已经转移到A公司,因此A公司具有可保利益。二是湿损的空调是否属于平安险的承保范围。平安险的承保范围是:(1)承保货物在运输途中由于恶劣气候、雷电、海啸、地震、洪水自然灾害造成整批货物的全部损失或推定全损;(2)由于运输工具遭受搁浅、触礁、沉没、互撞、与流冰或其他物体碰撞以及失火、爆炸意外事故造成货物的全部或部分损失;(3)在运输工具已经发生搁浅、触礁、沉没、焚毁意外事故的情况下,货物在此前后又在海上遭受恶劣气候、雷电、海啸等自然灾害所造成的部分损失;(4)在装卸或转运时由于一件或数件整件货物落海造成的全部或部分损失。结合本案材料,50台空调的损失属于部分损失,而且这一部分损失并非上述意外事故所造成的部分损失,不属于平安险的承保范围,因此A公司不能获得保险公司的赔偿。

第6问考查的是《海牙规则》的相关知识点。根据《海牙规则》,管货义务是承运人的最低义务,即承运人应当适当而谨慎地装载、收受、配载、承运、保管、照看以及卸载所运货物。货舱舱盖不严的情形构成承运人对于管货义务的违反,因此A公司可以从承运人处获得赔偿。

第7问涉及对《海牙—维斯比规则》的理解。CIF术语下提单由卖方转让给买方后,根据《海牙—维斯比规则》关于提单的规定,提单是承运人收到货物的初步证明,但提单转让给善意的第三方时即为最终证据。鉴于承运人出具的是已装船的清洁提单,在出现货物表面包装破损时,A公司可以向承运人主张赔偿。

第8问考查对信用证法律特征的理解。信用证最显著的特点就是其独立性与单证相符原则。具体而言,首先,信用证独立于基础交易合同或可能依据的其他合同。因此,在买卖合同之下的货物状况,不会影响银行基于已经开出的信用证所需向受益人承担的责任。其次,信用证是有条件付款的承诺,而这一条件就是单证相符、单单相符,银行处理的是单据,而非与单据有关的货物、服务或履约行为,单据表面相符时就应付款。最后,尽管信用证具有"欺诈例外"的规定,但从本案中也看不出存在信用证欺诈情形。鉴于B公司已经符合了信用证之下"单证一致、单单一致"的条件,银行便不能在A公司的要求下拒绝付款。

从上面这个案例中可以看出,在一系列复杂的案情中准确提炼出法律关系是解答问题的首要前提。当然,本案属于设计的教学案例,实际问题将更加复杂。比如,在买卖双方采用CIP术语并采用集装箱运输时,如果货物出现了损毁,也会涉及买方能否依据保险合同求偿的问题,但集装箱运输时确定货物损毁发生在哪个阶段就比较困难。而且,根据《Incoterms 2020》,卖方投保的义务已经较2010版本发生了变化。再如,当事人合同采用的FOB术语后是内陆城市而非港口,就涉及合同解释问题(如是否应按照FOB术语的通常规则来处理)。不过,现实情况所涉及的基础的法律关系与教学案例是存在相似之处的。在提炼出法律关系后,就需要我们仔细思考调整这些关系所可能涉及的国内法、条约与国际商事惯例。初步判断出可能涉及的法律后,我们要对于这些法律文件的适用范围与适用条件进行仔细地审视,最终确定案件应当适用的规则是什么。最后一步,才是根据这些法律的具体规定对当事人的纠纷或者相关法律问题进行实质性的判断。在这一过程中,应当特别注意法律文件中所规定的例外情况和特殊条件等。

在初步掌握了分析案件的方法之后,同学们也可以尝试去思考实践中的国际商事纠纷,批判性地去阅读相关的法院判决与仲裁庭裁决。

提问:风险转移的例外情况包括哪些?什么情况下不是交货时风险转移呢?

回答:一般而言,风险转移的时间是交货时,但法律的规则既有一般也有例外。对于风险转移的时间,首先要考虑当事人的约定。比如,在FOB术语下,约定的交货期间届满,而买方的货船未到,此时如果货物已经特定化并发生了灭失的风险,应由买方承担。虽然原本风险应在交货时转移,但此时由于买方违约导致无法交货,因此风险应当转移给买方。还有一种特殊情况是海上路货的风险转移,这一点规定在CISG的第68条。比如,A向B以FOB价格出售了一批货物,而在运输过程中,B又以CIF价格将货物出售给了C。由于货物已在船上,B向C出售时已经不需要重新装货,在这种情况下,合同订立时风险就转移了。需要注意的是,风险转移本身与违约是不同的。如果货物的损坏是由于卖方违约造成的,卖方仍应当承担违约责任,这一点规定在CISG第36条。

提问:在《海牙规则》中,承运人的实际过失引起火灾不免责,它和适航义务的违反是否存在交叉？管货义务和承运人过失免责中的“管理船舶”怎么区分呢？

回答：这两个问题涉及对《海牙规则》、《海牙—维斯比规则》与《汉堡规则》的理解。这三个规则与 CISG 的区别在于当事人不能排除适用。比如，在《海牙规则》下，承运人有两项最低义务，一个是适航义务，另一个是管货义务，承运人约定免除自己的最低义务是无效的。对比这三个规则，实际上它们体现了船方（承运人）与货方之间的一种利益协调。在归责基础上，《海牙规则》虽然规定了承运人最低义务，但有 17 项免责事由；而《汉堡规则》则确立了完全过失的责任基础。但就承运人的责任限制等要素而言，三大规则都是共同的。可以说，《汉堡规则》对于货方利益的保护更多一些。但是如果去看《汉堡规则》的缔约国，会发现其中并没有航运大国。回到《海牙规则》的规定，如果没有配备消防器材，实际就是船舶不适航，这与承运人过失引起的火灾并非一回事。

“管船”与“管货”的问题，核心的要点在于承运人的某种行为是否导致了货物的损坏。比如说，两船碰撞，货舱受到挤压，这样导致的货物损毁显然不是承运人违反管货义务引起的。在管货方面，教科书通常举的一个例子则是：如果由于船员忘记关闭货舱盖，后来的暴雨导致了货物灭失，此时承运人就违反了管货义务。当然，这些问题还是需要结合具体的案件来理解。

提问：如何理解国民待遇？国民待遇是否也代表着不能给外国企业特权？

回答：国民待遇问题在 GATT 与 GATS 中规定是不一样的。在 GATT 的语境下，国民待遇是给予产品的，而且它是一个普遍适用的原则，它要求 WTO 成员在国内税与国内规章方面都不能歧视外国产品。而在 GATS 之下，国民待遇是给予服务与服务提供者的，但以 WTO 成员的具体承诺范围为限。GATS 只要求 WTO 成员给予外国服务提供者的待遇不低于给予本国相同服务提供者的待遇，并不禁止给予外国服务提供者高于本国服务提供者的待遇。因此，WTO 成员可自行决定是否给予外国企业超国民待遇。

▣ 阅读指引

☐ 参考书目

1. 王慧:《国际贸易法原理》,北京大学出版社2011年版。

2. 韩立余:《世界贸易组织法》(第3版),中国人民大学出版社2014年版。

3. 余劲松:《国际投资法》(第5版),法律出版社2018年版。

4. 唐应茂:《国际金融法:跨境融资的法律规则》(第2版),北京大学出版社2020年版。

5. 刘剑文主编:《国际税法学》(第4版),北京大学出版社2020年版。

以上都是国际经济法领域比较权威的教材,结合法律文件和案例等一手材料,此类教材能够让同学们更加系统地掌握国际经济法的基础知识。

6 余劲松主编:《国际经济法》,高等教育出版社2019年版。

☐ 参考网站

1. 世界贸易组织网站:www. wto. org。
2. 联合国国际贸易法委员会网站:uncitral. un. org。
3. 国际货币基金组织网站:www. imf. org。
4. 世界银行网站:www. worldbank. org。
5. 国家税务总局网站:www. chinatax. gov. cn。
6. 商务部网站:www. mofcom. gov. cn。
7. 国家外汇管理局网站:www. safe. gov. cn。

在这些国际组织、国家部委的官方网站中,能够查询到大量的国际条约、公约和其他相关法律文件的英文与中文版本。这些法律文本对于国际经济法的学习是至关重要的。

进阶讲座调查问卷及结果分析(附录)

示例一　刑法分论

(授课教师:王华伟)

第 1 题　你是否使用过本课程指定教材?(单选题)

选项	小计	比例
A. 使用过	100	73.53%
B. 没有用过	20	14.71%
C. 本课程无指定教材	16	11.76%
本题有效填写人次	136	

第 2 题　你是否查阅过本课程指定参考资料?(多选题)

选项	小计	比例
A. 查阅过书籍和论文	89	65.44%
B. 查阅过网站和公众号	38	27.94%
C. 查阅过参考资料	60	44.12%
D. 本课程无指定参考资料	26	19.12%
本题有效填写人次	136	

第 3 题　你每周在课后投入本课程学习的时间有多少?(单选题)

选项	小计	比例
A. 少于 1 小时	19	13.97%
B. 1 ~2 小时	54	39.71%
C. 2 ~4 小时	58	42.64%

续表

选项	小计	比例
D. 4 小时以上	5	3.68%
本题有效填写人次	136	

第 4 题　你能否适应本课程的教学进度和难度?(单选题)

选项	小计	比例
A. 能适应	78	57.35%
B. 经过努力后可以适应	57	41.91%
C. 无法适应	1	0.74%
本题有效填写人次	136	

第 5 题　本学期以来,你在课后与任课教师及助教互动的次数是多少?(单选题)

选项	小计	比例
A. 5 次以上	1	0.74%
B. 3 ~ 4 次	13	9.55%
C. 1 ~ 2 次	51	37.50%
D. 无互动	71	52.21%
本题有效填写人次	136	

第 6 题　本学期以来,你在课后与任课教师及助教互动的方式有哪些?(多选题)

选项	小计	比例
A. 课后在教室当面交流	45	33.09%
B. 课后到教师办公地点交流	1	0.74%
C. 电话或电子邮件	10	7.35%
D. 微信及微信群	47	34.56%
E. 其他	4	2.94%

续表

选项	小计	比例
F. 无互动	62	45.59%
本题有效填写人次	136	

第7题 你是否赞成本课程记录考勤情况并计入成绩？（单选题）

选项	小计	比例
A. 赞成记录考勤，不赞成计入成绩	22	16.18%
B. 赞成记录考勤并计入成绩	69	50.73%
C. 不赞成记录考勤	45	33.09%
本题有效填写人次	136	

第8题 你是否赞成本课程设立答疑课？（单选题）

选项	小计	比例
A. 赞成	127	93.38%
B. 不赞成	9	6.62%
本题有效填写人次	136	

第9题 你在学习本课程时，有哪些专业问题希望任课教师及助教解答？（请至少列出3个问题）（填空题）

（一）学习方法上的疑问

1. 由于考试采取案例分析，同学们对此很关切，基本都提出希望给出案例分析答题模式和框架。
2. 刑法分论内容庞杂，希望老师给出方法：（1）将知识进行体系化的梳理"分则没有总则有体系性，感觉在流水地学习"；（2）PPT 内容多给一些定义；（3）如何提升自身的案例和法律适用方面的检索能力；（4）这些内容要记忆到什么程度？
3. ***"学说争议太多了，我该怎么办？"——在学习和答题的时候需要对这些学说都掌握吗？还是掌握通说即可、怎么处理外国先进学说和我国通说的关系?

4. 总论没学好,分论还有救吗?如果想读刑法学研究生,应该做哪些准备?

(二)具体问题中的疑问

绪论	基本原理	1	1. 在我国刑事“案底”如此重要、影响很大的情况下,刑法“严而不厉”真的会比“厉而不严”要好吗? 2. 怎么看待“法外”的一些惩罚,如近期许多艺人一旦违法犯罪基本断送职业生涯的现象,在制定罪刑时该不该将这些因素考虑在内,还是法外的完全交由法外处理? 3. 缓和违法一元论中,是民法上认为合法还是不违法的行为,在刑法上不认为违法? 4. 当犯罪人的一个行为构成刑事及民事上的犯罪时,若法院在刑事裁判上判处严罚,在民事裁判上的赔偿金额或处罚程度也将变更严重(高)吗? 5. 在处罚严重度上,法院认为秘行犯比公然犯更高吗?
总论	犯罪论	1	“明知”的定义。
		2	对于目的犯中的“短缩的二行为犯”理解。
		3	如何区分包容性规定与加重情节?如《刑法》第 239 条第 2 款,为何不可以将绑架中“杀害被绑架人”与“故意伤害被绑架人,致人重伤、死亡的”作为绑架罪的加重情节?
		4 *	未遂的结果加重犯尤其是区分学说的部分,如果不按照结果加重犯的未遂,具体应当如何惩罚?
		5 共犯	1. 如何处理在别国可能被认定为片面的教唆犯等情形?如甲将乙的妻子丙与他人通奸的照片和一支枪放在乙的桌子上,乙发现后立即产生杀人故意,将丙杀死,此时,需要对甲进行定罪吗? 2. 关于不作为犯和共同正犯的结合的问题。
		6	医学生是否有针对病发行人的救助义务?
		7	通过民法上“紧急救助”条款免责的救助行为,就司法实践而言,一般是否仍然追究刑事责任?

续表

	刑罚论	1	总论中没有涉及的刑罚论的框架。
		2 * * * 竞合问题	1. 罪体罪量、罪数以及数罪并罚;想象竞合和法条竞合(如此前的嫖宿幼女罪与强奸罪之间的关系)。 2. 涉及想象竞合的犯罪怎么分析?
		3	侮辱罪和诽谤罪是被害人告诉才处理,告诉包括犯罪嫌疑人的自首吗?
分论	分论解释原理	1 *	注意规定和拟制规定的区别是什么?在"非法拘禁罪"的相关讲授中,老师讨论了"使用暴力致人伤残、死亡的,依照本法第二百三十四条、第二百三十二条的规定定罪处罚"属于注意规定还是拟制规定的性质争议。从两种解释都可以说通,只是定罪处罚的后果有差异而倒推哪种理解更合理的思路来看,是否说明刑法中注意规定与拟制规定的界限其实并不清晰,部分情况下需要结合效果进行教义学解释予以厘清?
	人身犯罪	1	交通肇事罪、逃逸、故意杀人罪、过失致人死亡罪、遗弃罪关系的明析。
		2 * * * 过失致人死亡	1. 过失致人死亡的应用上的相关问题。 2. 如何区分过失杀人与故意伤害致人死亡?
		3 *	拐卖妇女儿童罪中也包含了收买,收买妇女儿童罪是不是它的子集?两罪是什么关系?如何区分非法收买妇女儿童罪与非法拐卖妇女儿童罪?
		4 * * * 绑架罪	1. 为索取未到期债务将债务人亲属绑架是否构成绑架罪?非法拘禁与绑架罪的主观心态如何确认? 2. 索财型绑架与人质型绑架对法益保护的区别是什么? 3. 绑架罪的重要构成要件在于"利用被绑架人的近亲属或者其他人对被绑架人安危的忧虑",但是绑架罪的法益在于"被绑架人的在本来生活状态下的行动自由以及身体安全",那么为什么只要发生损害人身自由与安全的结果,并不需要提出勒索财务的要求就成立绑架既遂呢?如果出现对象错误,由于不能引起第三人忧虑的意思,就不能构成绑架罪?那此时只能评价为非法拘禁? 4. 绑架罪中杀害被绑架人是否要求故意和出现死亡结果?如果有杀人或伤害的故意,为什么不是和故意杀人或伤害罪数罪并罚呢?如果是过失杀人,是否适用绑架罪和过失

续表

			致人死亡罪数罪并罚更符合罪刑均衡？ 5. 张明楷《刑法学》第 885 页说:“在拘禁行为之外另使用了暴力,但不是该暴力行为致人死亡,而是拘禁行为本身致人死亡的,也应适用刑法第 238 条第 2 款前段的规定,以非法拘禁罪的结果加重犯论处,同时适用‘具有殴打……情节的,从重处罚’的规定。”所以,这种是否属于在同一个罪中同时触犯两个结果加重情节？具体应该如何量刑？ 6. 张明楷《刑法学》第 890 页说:“15 周岁的人绑架并使用暴力致人死亡,其没有杀人故意也没有伤害故意,则可以通过将绑架评价为非法拘禁,按照故意杀人罪论处。”为何不能直接认定为绑架导致死亡的情节加重犯？ 7. 如何区别抢劫与绑架？可否再阐述“当场性”标准不牢靠的理由？(为什么绑架小孩向母亲要钱同时构成绑架罪和抢劫罪？) 8. 绑架杀人未遂中,张明楷老师认为应当按照绑架和故意杀人未遂数罪并罚,但这种情况可能会对杀人未遂者判处死刑,是不是有点刑罚过重了？
		5 拐卖	1. 拐卖妇女儿童并奸淫儿童的,仍然按照拐卖妇女儿童罪处罚,虽然加重要件里有奸淫被拐卖妇女,但是如果奸淫儿童的话感觉应该是更重的罪,在这种情况下,奸淫被拐卖妇女和奸淫被拐卖儿童会有量刑上程度的区别吗？ 2. 收买被拐卖妇女儿童罪是结果犯还是行为犯？ 3. 拐卖妇女儿童罪之中的收买行为和收买被拐卖妇女儿童罪之中的收买行为有什么不同？ 4. 张明楷老师说,“如果没有采用强制手段,即使其行为客观上违背妇女意志,也不构成强奸罪”。这句话该如何理解？如何将这句话描述的状况和妇女不能反抗、不敢反抗的情形区分开？
		6＊强奸	1. 强奸罪的女性共犯如何处罚？ 2. 轮奸中一人既遂一人未遂的情况,张明楷老师为何认为构成强奸既遂与轮奸未遂的想象竞合？轮奸不是强奸的加重条款吗？可以单独看成一个罪吗？ 3. 如果明知对方是幼女还与其进行性行为,如果对方(幼女)是自愿的,也算是强奸即按照奸淫论强奸从重处理吗？ 4. 强奸未遂和猥亵、侮辱是否只能从主观故意层面加以区分？

续表

		7 非法拘禁	1. A 误以为 B 是犯罪分子,抓住 B,把他锁在自己的仓库里,然后就去找警察,是否会构成非法拘禁罪? 2. 关于非法拘禁罪的结果加重犯,只要出现死亡或重伤结果,行为人就要承担加重责任吗?比如被害人故意自残或自杀,也要使非法拘禁的行为人承担加重责任吗?
		8	1. 虐待罪的量刑幅度问题。 2. 虐待罪和故意杀人罪有时难以区分(家暴的男性很多被判虐待罪,但他们天生手劲大,对如掐死结果会产生一定的预知和放任,为什么不是间接故意杀人呢?)。
		9	侮辱罪的构成要件"公然"究竟是指结果的公然还是行为的公然?实务中多为综合考量,这样的考量是否会损害人们对法的期待?
	财产犯罪	1*** 占有问题	1. 财产罪中的占有和所有的运用难以辨识,所以财产罪到底是侵犯占有还是所有呢?刑法上的占有并不是完全不考虑规范意义,如何理解刑法和民法上的占有呢?刑法上的占有包括但不限于民法上的占有吗?二者之间具有什么关系?是否要求占有人满足心素和体素双重要件?如果甲向乙借了一部手机,丙偷走,是侵害了谁的法益?例如,家中衣柜里被主人遗忘的衣服,根据老师的说法是视为占有的,但是是否因为衣服本身就处在主人所生存和控制的环境里?例如,被继承人对死者死亡时的钱包里的钱有没有构成占有? 2. 占有概念中的事实性与规范性在认定占有时是否存在优先级?车浩老师对规范性含义的认识——"规范性包括两层含义:一是指以社会一般观念为内容的规范性视角,二是判断事实控制力有无时的观察工具"是否可以理解为规范性是事实性的前提?
		2	1. 虚拟财产的具体定义。 2. 在刑法上,经济损失与财产损失之间的区别具体有哪些? 3. 对于无体物及财产性利益,盗窃罪的"窃取行为"是否与有体物有所不同,即不是"打破旧的支配建立新的支配"?
		3	日本法定义财产中的本权说中存在的问题之一"导致私立救济泛滥"是什么意思?

续表

		4 * 盗窃与抢劫	1. 入户盗窃未遂是否和盗窃一般公私财物的未遂相同？ 2. 强迫他人卖血或直接抢血为什么构成抢劫罪,而不是故意伤害罪？
	公共	1 ** 交通肇事	如何理解“逃逸”的内涵:以肇事者离开肇事现场为标准,还是以肇事者未履行抢救义务或承担肇事责任中的任何一个行为为标准？
		2 * 寻衅滋事	可以再解释一下寻衅滋事罪的适用吗？此罪还有存在的必要吗？

* 表示不止一位同学提及此问题。

第 10 题　对于今后修读本课程的学生,你有哪些经验和心得希望分享(填空题)

1. 学好总论。
2. 认真上课。
3. 看“太黄太厚”,但是“博彩众家之说,勿只遵循教科书上的观点”。

示例二　国际私法

(授课教师:何其生)

一、基本情况

授课对象:本科生

选课人数:共 253 人

问卷回收份数和占比:126 份,49.80%

听讲座的其他人员情况:无

二、选择题问卷调查结果

第 1 题　你是否使用过本课程指定教材？(单选题)

选项	小计	比例
A. 使用过	118	93.65%
B. 没有用过	6	4.76%

续表

选项	小计	比例
C. 本课程无指定教材	2	1.59%
本题有效填写人次	126	

第 2 题　你是否查阅过本课程指定参考资料？(多选题)

选项	小计	比例
A. 查阅过书籍和论文	117	92.86%
B. 查阅过网站和公众号	34	26.98%
C. 查阅过其他形式参考资料	37	29.37%
D. 本课程无指定参考资料	4	3.17%
本题有效填写人次	126	

第 3 题　你每周在课后投入本课程学习的时间有多少？(单选题)

选项	小计	比例
A. 少于 1 小时	7	5.55%
B. 1 ~ 2 小时	62	49.21%
C. 2 ~ 4 小时	49	38.89%
D. 4 小时以上	8	6.35%
本题有效填写人次	126	

第 4 题　你能否适应本课程的教学进度和难度？(单选题)

选项	小计	比例
A. 能适应	54	42.86%
B. 经过努力后可以适应	67	53.17%
C. 无法适应	5	3.97%
本题有效填写人次	126	

第5题 本学期以来,你在课后与任课教师及助教互动的次数是多少?(单选题)

选项	小计	比例
A.5 次以上	1	0.79%
B.3~4 次	7	5.55%
C.1~2 次	48	38.10%
D. 无互动	70	55.56%
本题有效填写人次	126	

第6题 本学期以来,你在课后与任课教师及助教互动的方式有哪些?(多选题)

选项	小计	比例
A. 课后在教室当面交流	28	22.22%
B. 课后到教师办公地点交流	1	0.79%
C. 电话或电子邮件	8	6.35%
D. 微信及微信群	38	30.16%
E. 其他	2	1.59%
F. 无互动	64	50.79%
本题有效填写人次	126	

第7题 你是否赞成本课程记录考勤情况并计入成绩?(单选题)

选项	小计	比例
A. 赞成记录考勤,不赞成计入成绩	20	15.87%
B. 赞成记录考勤并计入成绩	61	48.41%
C. 不赞成记录考勤	45	35.71%
本题有效填写人次	126	

第 8 题　你是否赞成本课程设立答疑课？（单选题）

选项	小计	比例
A. 赞成	104	82.54%
B. 不赞成	22	17.46%
本题有效填写人次	126	

三、学生在课程学习中，希望老师和助教解答的问题（总结、分类归纳）

在既有问卷回答中，共有 67 位同学提供了关于需解答问题的有效回复。该等问题大致可归类为国际私法知识疑难、国际私法思维疑难、国际私法学习疑难和其他问题四大类。

（一）国际私法知识疑难

1. 基础理论类。例如，准据法的争议；直接适用的法与法律规避的联系、与公共秩序保留的联系；法律本座说的原理；反致转致的关联适用；国际私法是否有体系性的“理论”；国际私法案件的执行；公共秩序保留当中的公共秩序究竟能不能预期；对柯里利益分析理论的看法；为什么有学者或法官常用错“连结点”一词，将其区别于“连接点”的意义何在；外国人民事法律地位应当与内国人完全平等，还是应当受到一定程度的优待；多个连结点的选择顺序问题；判决的跨境承认与执行问题；域外送达问题；二重反致；实质正义和冲突正义的体现；主要的国家豁免理论；冲突规范是否只是处理程序问题，涉及民法的实体性问题如何处理；国际条约作为法源的位阶；如何理解有些国家认为国际私法是国内法，而有些国家认为国际私法是国际法；程序问题与实体问题的区分；支持当事人选择与民事关系没有实际联系的法律的法理依据；侵权行为实施地和结果发生地的理解。

2. 理论与实践互动类。例如，诉讼法上的管辖权冲突问题与国际私法上的冲突问题的关系；最密切联系原则的具体适用；冲突法理论在实际中的应用；劳动合同原则上保护劳方，实践中是否存在保护资方的情形；适用外国法错误为何有的国家不允许上诉；冲突法在立法过程中是否应当遵循国际社会实践；国际私法领域是否正在修法；现有法律中难以解决的情形应当严格遵照法律还是根据法官的自由裁量权参考国际实践；国际劳工标准是什么意思，具体而言对国际劳动合同有什么影响；是否有建立国际统一冲突法的可能与必要;如何看待先例的价值,特别是在我国并不采取判例制度的情形下,法院既往判决是否具有约束力;选择连结点时,有时需要考虑实体问题来确定冲突规范,是否需要做民法上的检索和论证;如何提升通过冲突规范和方法找到准据法的效率。

3. 法律与政策关系类。例如,国际私法在何种程度上受到国家对外政策或者国家利益的影响;数次冲突法重述的宗旨。

4. 历史沿革类。例如,连结点类型的发展史;中国国际私法立法发展的历史。

5. 案例类。例如,国际私法的经典案例。

6. 中国国际私法问题类。例如,中国国际私法立法发展与趋势;中美竞争给国际私法带来的影响;最密切联系原则在中国的发展趋势;国际私法条约在我国的适用;我国哪些法律规范属于公共秩序法;在比较法意义上,中国现有的冲突法是否有比较明显的局限性;《民法典》出台之后,如何处理《民法典》和原《民法通则》对涉外法律关系的规定;怎么解决中国法官为了效率与便捷不愿适用外国法的问题。

7. 问题比较类。例如,侵权自体法和合同自体法的区别;强制性规则和公共秩序/政策的区别;最密切关系联系原则与自由裁量的关系;结合性连结点和重叠适用的冲突规范、互补性连结点和有条件的选择适用的冲突规范有何关系;老师上课多次提到"诉讼技巧",但在学习民事诉讼法的时候不会提这个,是否国际私法比国内民法上的自由裁量权更大;为什么美欧在有关侵权行为的冲突规范中都没有适用意思自治原则;国际私法与国际公法的关系;国际公法与国际私法的重叠之处。

(二)国际私法思维疑难

1. 思维方式类。例如:

(1)国际私法中是否存在当事人利益追求和裁判者形式追求(或者政策追求)的"音效隔离",即是否存在行为人规则和裁判者规则的差异?

(2)老师认为冲突法思维可以帮助我们维护当事人实体利益追求,而不是达至某一种形式正义,但另一方面认为冲突法正义没有统一的实体正义,只能是形式正义,是否可以说这暗示了一种当事人规则和裁判规则的割裂?

(3)高教版《国际私法》第66页:我国对于外国法人国籍的确定,采取注册登记主义;对于内国法人国籍的确定,采取设立地主义和准据法的复合标准。

如何判断一个法人是内国还是外国的？如果已经能判断它是内国的，不就已经能知道它是我国法人，还需要什么判断标准？

(4)《国际私法入门笔记》第73页：识别依照法院地法的例外之一是特殊或专门的国际民商事关系，如动产或不动产的识别；但是将案件识别为动产或不动产案件，是否已经属于一种识别了？

(5)国际私法中很多问题都存在同一性的目标和斗争性的过程，这种矛盾是否是研究国际私法时必须接受的(也就是不能去追求一个特别的完美答案)？

(6)在解决一个国际私法问题时，是否有一个较为普遍的思考路径和过程？

2. 创设情境类。例如：

(1)《涉外民事法律关系适用法》第42条规定："经营者在消费者经常居所地没有从事相关经营活动的"，如果A厂家没有在消费者经常居所地经营过，但是从事同类产品生产的B厂家却在此经营(法院也经常解决这类问题)，那么消费者与A厂家的纠纷，不能适用消费者居所地法律吗？会不会太不利于保护消费者？

(2)可否举一个案例帮助我们理解同一个案件中不同的"issue"指向的不同法律适用，以及这些适用之间的关系？

(3)A先选法院然后选择准据法，B先选择法律然后依据法律确定管辖法院，当事人和法院一般如何看待两者呢？

(4)在一些国际领域，如贸易，如果存在一些国际条约或习惯法，里面本身就包含着纠纷处理解决机制，这种时候是否还需要冲突法？如果需要的话，当各国冲突法与国际条约发生冲突时，怎么办？

(5)如果合同当事人之间发生物权纠纷，如双方订立分期买卖合同但已经交付货物，在买受人到期未履行支付价款的债务时，出卖人如果请求要回货物，这一争议是属于债的纠纷还是物的纠纷？怎么适用法律？此时价值权衡的侧重点又在哪一边呢？

(6)跨国犯罪中的民事责任问题怎么解决。例如，海上货物运输藏有毒品，这艘货船购买了运输保险，临近外国海域时发生事故，事后调查发现了毒品。那么先在外国法院处理保险责任问题再移送国际刑事法庭，抑或一并审理？再如，两国之间有着不同的民事权利体系如"被遗忘权"，如果根据冲突规范指引了外国法，势必会在中国引起巨大的反应，这时候与被遗忘权本身设立的初衷是相违背的，这种"主张权利的同时却反过来侵害了本人的利益"也违背了国际私法的救济用途,如何处理?

(7)在国际私法中,如执行判决将损害国家的公共秩序,因此采取公共秩序保留,历史上有没有出现过有关宗教利益的公共秩序保留?如逊尼派和什叶派之间的冲突,这种情况下是民事问题、主权问题还是民族尊严问题?

(三)国际私法学习疑难

1. 材料检索类。例如,法律法规、案例以及文献的检索和查找。

2. 案例分析类。例如,案例分析思路和框架(看教材等能够明白每个理论的含义,但是理论遇到案例总是搞不清楚);国际私法的案例分析有没有请求权基础/三阶层类似的体系。

3. 阅读材料类。例如,国际私法的法条是否需要记忆;如遇到课程教材与其他论文所述观点不一致的情况,是否应选择教材观点?

4. 论文写作类。例如,一篇好的国际私法的论文,应当遵守什么样的规范(如论据的选择、表达方式)。

5. 学习程度类。例如,课后自己需要复习巩固到什么程度为宜;第三讲中关于国际私法的各种学说,在期末考试中需要掌握到何种程度;是否需要记住每个学说的详细内容。

6. 国际私法与国际公法具体有何不同,学习时是否应采取不同方式。

(四)其他问题

1. 涉及期中读书报告的结构要求。

2. 期末考试是否能开卷。

3. 是否有专门从事国际私法的职业。

作为教育者的尊荣感(代后记)*

在北京大学法学院,有这样一系列讲座,通过举全院之力,让老师们深切体会到站在讲台上的尊荣感,感受到来自学生、学院、学校乃至全社会的尊重,从而激励老师们讲好每一堂课。

2018 年秋季学期以来,北京大学法学院推出“法学阶梯”系列讲座,把封闭课堂变成开放讲座,让老师们体会到作为教育者的尊荣感,有的放矢地提高课程质量。目前,学院已经成功举办 41 场讲座。其中,12 场“入门讲座”作为法学第一课和法学基础课,在同学们站在“法的门前”时,予以指引;16 场“进阶讲座”作为法学答疑课,进行课程期中总结和反思,授业解惑;13 场“高阶讲座”作为法学前沿课,针对硕博研究生讲授法学研究基本方法,授人以渔。

一、盘活存量:讲好每一门课

在法学教育层面,“法学阶梯”系列讲座是课程模式的一次创新性探索,旨在着眼于现有课程体系,激励老师们讲好每一堂课,“盘活存量”。

车浩老师作为北京大学法学院教学委员会主席,是学院教学改革的主要负责人。他指出,法学院进行的课程改革可以归纳为两种模式,即增量改革和存量改革,前者体现为根据学生需求、社会变化和学科研究动向,增加一些新型课程;后者则强调提升原有每一门课程的教学质量。

作为优化和完善课程体系的重要思路,近年来,法学院的增量改革取得了显著成效。例如,法学院近年来开设的案例研习课、实务课、写作课等备受好评,引领了国内法学教育的课程改革风向。

一个学院的教学质量能否整体推进,学生能否从教学中全方位受益,既需要少数老师和少数精品课程的引领作用和品牌效应,也需要大多数老师的共同努力和大多数课程质量的普遍提高。一套完整的法学教育,需要覆盖到很

---

* 原文载于 2019 年 6 月 24 日“北京大学教务部”微信公众号。

多老师、很多课程,只有讲好每一门课,才能全面培养好一个法科学生。所以,在增量改革取得成效的基础上,法学院进一步启动存量改革,即将课程改革的发力点覆盖到现有的整个课程体系,“盘活存量”,想办法进一步提升现有各门课程的质量。

当然,在北京大学,老师在授课风格、教学设计上有很大的自由空间。因此,车浩老师表示,通过行政命令干预老师的课程安排既不现实也不明智,改革的突破点在于想方设法提升教师授课的积极性,使老师由衷地愿意为教学投入更多心思和精力。为此,学院设计了“法学阶梯”系列讲座,让老师站在更宽阔的讲台上,体会到作为教育者的尊荣感,从而让学生普遍性受益。

二、有的放矢:阶梯式教学讲座

纵然将封闭课堂升级为开放讲座可以促使和激励老师精心准备和策划,但把每一堂课都办成讲座并不现实,因此,就需要针对课程的关键时点,着力进行结构性改善。

在一门课的进程中,三个节点尤其重要。第一堂课意味着同学们初入一个陌生的学习领域,尤其需要老师的导引。而以往老师们通常会简单介绍课程大纲、本学期课程进度等内容,往往深浅程度不一,且较为零散。可以说,第一堂课的质量是缺乏保证的。现在学院推出的“入门讲座”,就是将第一堂课改造成一次关于本学科基本概念和学习方法的“入门讲座”。这样一来,在特定主题和讲座结构的要求下,就能促使老师花更多时间和精力备课,体系化地呈现课程导论,从而引导新生进入法学之门,对本学科形成一个初步的认知。

到期中阶段,则需要老师和同学适当地停下来,共同进行反思和总结。许多课程会设置期中作业或期中考试,但出题和检验都完全由老师主导,在信息了解上,师生双方是不对称的。更好的检验方式可能是在期中安排一次集中答疑,汇总学生的困扰和问题,以便老师高效地捕获并解决学生在前半学期学习的共同障碍。于是,学院设计了“进阶讲座”,由教务办老师和助教一起对选课同学进行问卷调查,收集问题并形成报告提交授课老师,老师根据报告精心准备,在讲座上对集中、重要、有共性的问题进行透彻地讲解,扫除学生前期学习障碍,为后半学期的学习打牢基础、指明方向,从而有质量、有目标地开展后半阶段的教学。

期末考试则是整个学期课程的最后一个重要环节。关于考试方式,车浩老师认为,从其教学理念来讲,法学课程的考试应该尽量开卷。因为大学课程的目标,不是通过闭卷考试选拔记忆力和天赋好的同学,而是培养法学生利用层出不穷的法律材料理解和处理问题的能力,只有开卷考试才能检验教学的效果,识别学生之间的差异。

车浩老师总结,“开学入门第一课、期中答疑和期末考试,这是最重要的三个节点。当然,考试改革涉及方方面面,虽然逐渐有越来越多的老师尝试开卷,但是这方面的改革还没有大力推行。现在的目标就集中在前两个时点上——如何让老师在入门阶段付出更多的心力,如何让老师在期中阶段愿意拿出时间来给学生系统性答疑,这是我们想要解决的问题”。

谈及“法学阶梯”系列讲座区别于其他讲座之处,车浩老师表示,其定位为教学类讲座而非学术类讲座,换言之,其本质上是一次面向全院、全校甚至社会公众的公开课。这样的讲座要求老师把每一门课精华的部分拿出来,不是仅展现其某个研究或者某篇论文的成果,而且展现这位老师在整门学科上的成就。当然,如果没有足够的学术科研水平打底,老师们做这样一个导论或答疑讲座,也会受到制约。在这一点上,两者是不冲突的,甚至可以起到相辅相成的作用。

三、作为教育者的尊荣感

“有些老师表示在校内做讲座反而更紧张和激动,也有的老师说很多年不打领带了,上这个课还要打领带。”在讲到授课老师对“法学阶梯”系列讲座的反应时,车浩老师如是举例。

北京大学有很多老师,每个院系都会有突出的学术“大咖”和网红老师,曝光率比较高,而绝大多数老师可能到退休都没有在校内做过讲座,但恰恰是这些大量的兢兢业业的老师,构成了教学队伍的主要力量。他们上的课,占据了整个课程体系的最大比例。

现在的“法学阶梯”系列讲座,就是在举全院之力,全方位地为老师的教学进行宣传。前期会通过官方公众号和校园海报等进行充分的讲座信息宣传,吸引社会公众和其他院校的学生前来旁听;讲座过程中,有法律出版社和北大英华科技有限公司参与全程的视频摄制工作,速记公司对讲座全程速记并整理成文;后期还会将讲座综述发表在“中国法律评论”微信公众号、“北大法宝”微信公众号、北京大学法学院官网等各种公众平台,同时宣传授课老师在教学科研等各个方面的成果。

于是,表面看起来不过是形式的创新,但实际上追求的是实质的目标:通过调动大多数老师的积极性,在各类课程中增加入门导论和难点答疑的环节,让整个课程质量得到改善,最终的受益者是学生。学院做大量投入,向社会公众推举这些老师和他们的课程,也是为了让老师们深切体会到站在讲台上的尊荣感,感受到学生、学院、学校乃至全社会的尊重,从而激励老师们讲好每一堂课。而且,不同于众多学术讲座的是,"法学阶梯"系列讲座本质上是一次"公开课",是教学类讲座。因此,老师们在该讲座中获得的尊荣感,首先源自其教育者的身份,而不仅仅是学者身份。

此外,学院鼓励老师更多地投入教学,并非"唯教学论",其本身就是在平衡本科教育和学术研究的紧张关系。其实在科研方面,老师们以前受到的引导和激励就已经很多了,如各种科研奖项、职称评定、论文发表等;学院现在所做的工作,同样也是加强对老师们投入教学工作的肯定和鼓励。"教学和科研是大学老师的两项基本职责,两者是不应当偏废的。"

四、"花香蝶自来"

除老师获得尊荣感,学院课程质量提高,学生最终受益外,"法学阶梯"讲座也具有重要的社会意义。

在教学改革层面,这样的模式对于不同课程、院校都具有可复制性。每一门课都可以这样打造,每一位老师都可以做到开头系统的导论和中期全面的答疑,所以每一个法学院都可以依靠其存量做同样的推广。在此意义上,"法学阶梯"系列讲座也是北京大学法学院对全国法学教育的一点探索和贡献。

"北大法学院作为我国的法学重镇,一直引领全国法学教育的航向。通过把这些课程当中最精华部分、老师最精心准备的环节向社会公众推出,其实也实现了教育资源的分享,体现了北大法学院的社会担当。"

最后,法学院会争取每个学期都推出一批入门讲座和进阶讲座,希望通过持续地推进,用三至五年的时间实现法学院绝大部分的课程在关键节点上有质的提升。更精彩的"法学阶梯"讲座,更精彩的北京大学法学院,敬请期待!